총회전도학교
훈련교재

인도자용

추천사

총회가 '전도'에 최우선을 두고 전도의 사명을 회복하기 위해서

사랑하는 전국교회의 성도 여러분! 초대교회로부터 교회의 사명은 다양한 방식으로 설명되어 왔지만, 그 역사 속에서 언제나 복음을 전하는 '전도'가 최우선이었습니다. 한국교회의 역사도 '전도'를 통해 교회의 생명을 증식시키며 유지해 왔습니다. 140년 전, 한국교회 선교 초기부터 오늘에 이르기까지 '전도'를 원동력 삼아 성장해 온 것은 부인할 수 없는 사실입니다. 복음의 기쁜 소식을 전하는 일은 그리스도인의 가장 중요한 사명 중 하나입니다. 그러나 전도는 단순히 말로 복음을 전하는 것이 아니라, 성령의 도우심과 기도, 그리고 다양한 방법과 전략을 필요로 합니다.

특히, 우리가 겪은 코로나19는 사회뿐만 아니라 교계에 큰 변화를 안겨 주어, 한국교회가 오랫동안 목숨처럼 여겨 온 '모여서 예배하고 흩어져 전도하는 사명'에 큰 도전을 주었습니다. 그러나 이러한 어려움 속에서도, 우리는 새 출발선에 서는 마음으로 전도의 사명을 되새기고, 회복하며, 새로운 전도의 방법을 모색함으로 이를 확산시키기 위해 노력하고 있습니다. 당연하게 여겼던 것들을 성찰하고, 이전에는 생각하지 못했던 것들을 발견하려는 노력 또한 계속되고 있습니다.

이와 같은 팬데믹의 여파로 인해 교회 사역에서 가장 위축된 영역이 바로 전도이기에 전도훈련 역시 주춤해진 상황입니다. 지금은 이러한 위기 속에서 한국교회가 전도의 사명을 어떻게 다시 감당할 수 있을지 고민하며, 새로운 훈련 방법과 접근 방식을 함께 찾아야 할 때입니다. 이러한 시점에 총회 국내선교부 전도학교에서 발간한 『총회전도학교 훈련교재』는 한국교회를 위한 매우 유의미한 결과물입니다. 이 책은 전도의 패러다임을 고민하며, 각 교회의 전도 상황에 맞는 다양한 고민과 대안을 제공합니다. 이를 통해 목회자들이 전도훈련의 깊이를 더하고, 각 교회에서 새로운 전도훈련의 길을 열어 가길 바랍니다.

코로나19를 믿음과 헌신으로 견뎌 온 한국교회 모든 목회자들과 성도들께 감사드리며, 이 책이 한국교회의 전도훈련에 큰 도움이 되기를 기원합니다.

대한예수교장로회총회 제109회기 총회장
김영걸 목사

격려사

날마다 예수는 그리스도라고 가르치기와 전도하기를 그치지 아니하기를…

한국사회는 정치, 경제, 사회 등 여러 분야에서 새로운 변화와 도전에 직면해 있습니다. 저출산·고령화로 인한 인구절벽시대, 경제의 양극화, 청년실업 문제 등에 직면해 어려운 시기를 겪고 있습니다. 한국교회 역시 성장의 정체와 교인의 급격한 감소 추세 속에서 사회적 신뢰도마저 더욱 하락하고 있는 상황입니다.

총회 국내선교부는 전도학교 교무위원회를 중심으로 총회전도학교 훈련교재를 시대의 흐름에 맞춰 개정할 필요성을 느끼고 이를 연구해 왔으며, 이제 그 결실을 맺게 되었습니다. "그들이 날마다 성전에 있든지 집에 있든지 예수는 그리스도라고 가르치기와 전도하기를 그치지 아니하니라(행 5:42)"라는 말씀처럼, 총회전도학교 훈련교재를 통해 예수는 그리스도라고 가르치기와 전도하기를 멈추지 않는 교회와 성도 여러분이 되기를 바랍니다.

총회 산하 많은 교회들과 목회자들이 전도훈련 교재의 필요성을 역설해 왔는데, 이번에 발간된 『총회전도학교 훈련교재』는 그 모든 요구를 충족시키는 좋은 교재가 될 것입니다. 새롭게 발간된 이 훈련교재에서 열두 명의 집필자들은 전도의 이론과 실제를 균형 있게 다루었습니다. 이론과 실제, 그리고 사례가 조화롭게 어우러진 이 책이 각 교회에서 구체적인 전도훈련 프로그램을 진행하는 데 큰 도움이 될 것이라고 확신합니다.

이 교재를 통해 앞으로 본 총회 산하 교회들의 전도운동이 확산되어 영혼 구원과 전도에 대한 열정이 불타오르기를 소망합니다. 아울러 총회국내선교부 전도학교장과 교무위원들, 특히 열두 분의 집필자들과 출판 실무에 애쓴 총회 국내와군·특수선교처 총무 및 직원들께도 진심으로 감사의 마음을 전합니다. 이 교재가 전도에 대한 이해를 높이고, 실제 전도현장에서 하나님의 나라를 확장하는 데 기여할 수 있기를 바랍니다. 감사합니다.

제109회기 총회 국내선교부장

황순환 목사

발간사

'전도'가 성장의 원동력

한국교회는 140년이라는 짧은 선교역사에도 불구하고 괄목할 만한 부흥과 성장을 이루어 냈습니다. 선교 초기부터 오늘에 이르기까지 교회와 교파를 초월하여 모든 교회가 실천해 온 '전도'가 이 성장의 원동력임을 부인할 수 없습니다. 어느 시대를 막론하고 전도는 한국교회의 본질적인 사명처럼 이어져 왔습니다.

총회는 한국교회의 본질적인 사명을 이어받기 위해서 노회와 개교회에서 많은 목회자들과 평신도들을 대상으로 총회전도학교를 실시하고, 총회전도학교 훈련과정을 수료한 이들을 전도요원화하였지만, 코로나19 사태를 겪으면서 목회현장과 전도현장에는 많은 변화가 생겼습니다. 전도 및 대면예배 중단이라는 초유의 경험을 하며 교회가 가진 역동성을 내려놓아야 했습니다.

코로나19로 위축되었던 전도를 다시 회복시키고자 하는 마음으로 기존의 총회전도학교 훈련교재를 개정하고자 지난 2년 동안 많은 노력을 기울여 연구하였고, 이 교재를 출간하게 되었습니다. 총회 국내선교부 전도학교 교무위원회를 중심으로 새롭게 출간된『총회전도학교 훈련교재』는 전도훈련의 이론 편과 실제 편으로 잘 정리되었습니다. 이번에 출간된 훈련교재는 전도에 대한 전반적인 이해를 돕고, 다양한 전도방법과 전략을 제시하여 실제 전도현장에서 적용할 수 있도록 구성되어 있습니다.

『총회전도학교 훈련교재』는 전도에 관심 있는 교회와 목회자, 나아가 모든 전도자들에게도 큰 도움이 될 것입니다. 이 교재가 전도에 대한 이해를 높이고, 실제 전도현장에서 하나님의 나라를 확장하는 데 기여할 수 있기를 바랍니다.

끝으로『총회전도학교 훈련교재』를 발간할 수 있도록 협력해 주신 총회 국내선교부 모든 분들과 총회전도학교 교무위원들, 감수해 주신 교수님들, 그리고 집필해 주신 집필자들, 국내와 군·특수선교처 모든 직원들께 감사를 드립니다.

총회전도학교 교장(제106회기~현재)

박봉수 목사

CONTENTS

추천사(대한예수교장로회총회 제109회기 총회장 김영걸 목사) / 03

격려사(제109회기 총회국내선교부장 황순환 목사) / 04

발간사(총회전도학교 교장 박봉수 목사) / 05

교재활용을 위한 TIP / 08

전도의 이론

01. 전도에 대한 이해 ·································· 17

02. 전도와 성령 ·································· 33

03. 전도와 기도 ·································· 47

04. 전도의 내용과 방법 ·································· 63

05. 전도하는 교회로의 전환 ·································· 97

전도의 실제

06. 전도자가 갖추어야 할 예절 ···················· 117

07. 비대면 상황에서의 전도전략 ················ 133

08. 거리 전도 ·· 153

09. 관계 전도 ·· 169

10. 부록 ·· 189

교재활용을 위한 TIP

1. 디자인 씽킹을 활용한 교수-학습 방법 안내

단계		내용	학습활동
1단계	지문 읽기	집중하기 속독하기	각 과의 제목에 집중하여 의미를 묵상하고, 지문을 속독한다.
2단계	공감하기	불편함(부담감) 찾기 문제 파악(이해하기) 현재 상황(인식하기)	현재 교회나 개인이 사용하고 있는 전도의 방법(각 과의 주제)에 대한 생각을 나눈다. 전도(각 과의 주제)에 대한 부담감은 무엇인지 찾아보고, 또한 불편한 마음이 드는 원인이 무엇인지 파악한다. 그리고 현재 주제에 대한 자신의 상황과 교회의 상황은 어떠한지 점검한다.
3단계	경청하기	팀원과 나누기 불편함 정의하기 해결방법 모색하기	상대방의 이야기를 들을 때는 경청하는 것이 중요하다. 공감하는 태도로 불편함과 문제 인식에 대한 해결방법을 모색한다.
4단계	아이디어	아이디어 구상하기 키워드 디자인하기 좋은 방법 제안하기	전도를 위한 다양한 아이디어를 구상하고, 현재 상황에서 가장 좋은 방법이 무엇인지 제안한다.

2. 디자인 씽킹을 활용한 교수-학습 예시

4단계의 교수-학습 과정을 통해 학습자들은 단순히 예화에서 제시된 문제 상황을 듣는 것을 넘어, 디자인 씽킹 방법론을 활용하여 사람 중심의 관점으로 문제를 분석하고 창의적인 해결책을 탐색하는 경험을 할 수 있다.

교수-학습 과정(4단계)

1단계: 지문 읽기(집중하기, 속독하기)

학습자들은 각 장에 제공된 예화를 읽고, 현재 한국사회의 전도환경이 가진 문제점과 변화된 양상에 대한 기본적인 이해를 형성한다.

> **활동하기**

- **전체 읽기** (속독): 학습자들이 한국사회 전도환경과 관련된 예화를 처음부터 끝까지 가볍게 읽게 한다. 이때 글의 전체적인 내용과 분위기, 주요 주장들을 파악하는 데 집중하게 한다.
- **집중 분석 읽기** (정독): 예화를 다시 한번 읽으면서 다음 질문들에 대한 답을 찾아 밑줄을 긋거나 메모하게 한다.
  - 지난 수십 년간 전도가 한국사회에서 어떤 이미지를 가지고 있었다고 말하는가?
  - 코로나19 이후에 형성된 비대면 문화가 전도에 어떤 영향을 미쳤다고 보는가?
  - 이제는 '정교하고 전략적인 전도방법'이 필요하다고 주장하는 이유는 무엇인가?
  - 예화에서 제시하는 달라진 전도환경에 대한 주요 인사이트 6가지는 무엇인가? (예: 현실적인 문제를 겪는 사람, 마음이 가는 종교 선택, 초기 집중 설득, 교회에 대한 이미지, 다양한 상황/내용, 가족/친척 중심)

2단계: 공감하기(불편함 찾기, 문제 파악하고 이해하기, 현재상황 인식하기)

학습자들은 예화의 내용과 디자인 씽킹의 '공감하기' 단계를 연결하여, 전도 대상자(비기독교인)와 현재 전도를 시도하는 사람(교회, 전도자) 양측이 가진 '불편함(Pain Point)'을 파악하고 현재 상황을 인식한다.

> **활동하기**

- **전도 대상자의 불편함 공감하기**
  - "예화의 내용을 바탕으로 보았을 때, 전도 대상자(비기독교인)는 어떤 불편함을 느낄 것이라고 생각하나요?" 예화의 '나쁜 이미지', '오해', '정교하고 전략적인 방법 필요' 등의 표현에서 대상자의 관점을 유추해 본다. (예: 부담감, 거부감, 오해로 인한 경계심 등)
  - 예화가 제시하는 대상자의 특징(현실 문제, 마음이 가는 것, 다양한 상황)을 통해 그들의 실질적인 필요와 관심사가 무엇일지 추론해 본다. (예: 삶의 어려움 해결, 진정성 있는 관계, 개인적인 상황 고려 등) 이는 디자인 씽킹에서 대상자의 필요에 깊이 공감하는 과정이다.

- **전도자의 불편함 인식**

  - "예화의 내용처럼, 이제는 전도하는 사람도 별로 없고 행사에 참여하는 인원도 적다는 현실 속에서, 전도를 시도하는 사람(또는 교회)은 어떤 어려움이나 좌절, 불편함을 겪고 있을까요?" (예: 동기 부여의 어려움, 노력 대비 성과 부족, 방법을 모름, 부정적인 시선으로 인한 위축 등)
  - 교회 이미지 개선의 필요성이 언급된 것은, 교회 이미지가 전도의 '걸림돌'이 된다는 인식이 있음을 보여 준다. 이는 전도하려는 사람의 입장에서 느끼는 또 다른 중요한 불편함이자 문제 상황이다.

3단계: 경청하기(팀원과 예화 나누기, 불편함 정의하기, 해결방법 모색하기)

학습자들은 팀별로 '지문 읽기'와 '공감하기' 단계에서 파악한 내용을 공유하고, 디자인 씽킹의 '정의' 단계를 통해 핵심적인 문제와 우리가 집중해야 할 대상(페르소나)을 구체적으로 정의한다. 이를 바탕으로 해결방법을 모색한다.

> **활동하기**

- **팀별 공유 및 경청**

  소그룹(팀)을 구성하여, 각자가 예화를 읽고 공감하기 단계에서 파악한 내용(대상자의 불편함/니즈, 전도자의 불편함, 핵심 인사이트 등)을 서로 공유하고 경청한다. 다양한 관점을 이해하고 합의를 도출하는 과정의 중요성을 강조한다. 비대면 협업 도구를 활용하여 아이디어를 공유하는 방법도 고려해 볼 수 있다.

- **문제 정의(Define Pain Points)**

  공유 내용을 바탕으로, 우리가 해결하고자 하는 핵심 문제 또는 도전 과제를 명확하고 구체적으로 정의한다. 예화의 인사이트들을 연결하여 문제 정의 문장을 만든다. (예: "현실의 문제로 힘들어하지만 전통적인 전도방식에는 거부감을 느끼는 20-30대 청년들에게, 그들의 삶과 진정성 있게 연결되고 긍정적인 관계를 형성하여 '좋은 소식'을 전달할 수 있는 방법은 무엇일까?")

- 대상 구체화(상상인물 설정)

문제 정의의 대상이 되는 사람을 더욱 생생하게 이해하기 위해 '상상인물'을 설정한다. 예화에서 제시된 인사이트(현실적인 문제를 겪는 사람, 다양한 상황에 처한 사람 등)와 우리가 나눈 대화 내용(예: '김민지'- 47세 직장인, 취업 스트레스/미래 불안, 직장 문제, 은퇴 이후 고민 등)을 참고하여 가상의 인물을 만든다. 나이, 직업뿐 아니라 삶의 고민, 가치관, 소통 방식, 종교에 대한 생각 등을 구체적으로 묘사한다. 이렇게 구체적인 페르소나를 설정할 때, 해결방법을 훨씬 현실적으로 모색할 수 있다.

- 해결방법 모색(방향성 설정)

정의된 문제와 상상인물을 염두에 두고, 해결 아이디어를 본격적으로 발상하기에 앞서 어떤 방향으로 접근할 것인지 논의한다. 예화의 인사이트(정교하고 전략적인 방법, 관계 중심, 다양한 상황/내용, 가족/친척 중심)를 바탕으로, '관계가 우선인 단계적이고 개인화된 접근'이 중요하다는 핵심원칙을 확인하며 해결의 큰 그림을 그린다.

※ 핵심 내용: 팀원 간의 활발한 소통과 경청을 통해 문제에 대한 이해를 심화하고, 디자인 씽킹의 '정의' 단계에 따라 타깃 대상(페르소나)을 구체화하고 해결할 핵심 문제를 명확히 한다. 이는 효과적인 아이디어 발상을 위한 중요한 토대가 된다.

4단계: 아이디어(전도에 대한 아이디어 구상하기, 전도 키워드 디자인하기, 좋은 방법 제안하기)

앞서 정의된 문제와 상상인물을 중심으로, 디자인 씽킹의 '아이디어 내기(Ideate)' 단계를 통해 창의적이고 구체적인 전도/관계 형성 아이디어를 발상하고 구상한다.

> 활동하기

- 전도 아이디어 구성(브레인스토밍)

정의된 문제와 상상인물(예: 김민지)의 필요를 충족시킬 수 있는 다양한 아이디어를 자유롭게 발상한다. 팀원 모두가 아이디어를 제시하고, 비판보다는 격려하는 분위기에서 진행한다. 앞서 제시된 아이디어 유형(관계 기반, 활동 중심, 디지털 전략)과 예화의 인사이트(가족/친척 중심, 다양한 상황/내용)를 참고할 수 있다. (예: '인생 카페' 프로젝트, '익명 케어' SNS 채널, '인생 멘토' 프로그램, 취미/관심사 공유 모임, 일상적 콘텐츠 공유, 가족과의 자연스러운 관계 형성 방법 등) 온라인 화이트보드 도구(Mural 등)를 활용하면 비대면 상황에서도 효과적으로 아이디어를 공유하고 시각화할 수 있다.

- 전도 키워드 디자인

발상된 아이디어들이나 새로운 전도방식에 어울리는 긍정적이고 매력적인 키워드를 디자인한다. 과거의 부정적인 이미지를 연상시키지 않으면서, 관계, 소통, 공감, 지원, 성장, 일상, 진정성, 함께 등 대상자가 긍정적으로 받아들일 수 있는 단어들을 중심으로 고민한다.

- 좋은 방법 제안 및 구체화

발상된 아이디어들 중에서 현실성, 효과성, 상상인물과의 적합성 등을 고려하여 가장 좋다고 생각되는 몇 가지 방법을 선택하고 구체화한다. 각 방법이 앞서 정의된 문제와 상상인물의 필요를 어떻게 해결할 수 있는지 설명한다. 예화에서 언급된 '초기에 집중적으로 설득'보다는 관계 형성 원칙에 기반한 단계적 접근 방식을 고려하여, 각 방법이 관계의 어느 단계(예: 첫 만남, 깊은 대화, 지속적 지지 등)에 초점을 맞추는지와 연결하여 제안한다. 또한, 이러한 방법들이 교회 이미지 개선에도 기여할 수 있는지 생각해 본다.

총회전도학교
훈련교재

인도자용

전도의 이론

01 전도에 대한 이해
02 전도와 성령
03 전도와 기도
04 전도의 내용과 방법
05 전도하는 교회로의 전환

01 전도에 대한 이해

1. 전도란 무엇인가?
2. 예수님의 전도
3. 예수님과 동행

"무슨 일을 하는 데 바쁘다거나 능숙하다고 해서 무언가 이루어내고 있다고 말할 수는 없다.
우리의 노력은 그리스도의 지상 명령을 성취하고 있는가?
우리의 사역이 복음을 들고 세상에 나가는 헌신된 사람들의 수를 늘리고 있는가?"

『주님의 전도 계획』, 로버트 콜먼

"너희는 가서 모든 민족을 제자로 삼아 아버지와 아들과 성령의 이름으로 세례를 베풀고"(마 28:19) "오직 성령이 너희에게 임하시면 너희가 권능을 받고 예루살렘과 온 유대와 사마리아와 땅 끝까지 이르러 내 증인이 되리라 하시니라"(행 1:8)

위 성경 구절을 접할 때 '전도해야지' 하는 결심을 안 해 본 그리스도인은 별로 없을 것이다. 그래서 노방전도를 하기도 하고, 가가호호 방문전도도 했다. 어떤 대학생 선교단체는 성경 속의 예수님이 열두 제자를 전도하러 파송하신 것을 본떠 '거지 전도'라는 이름의 전도도 실시했다. 그리스도인이라면 누구든지 때를 얻든지 못 얻든지 말씀을 전파하라는 명령을 잘 수행했다. 그러나 이제는 전도 환경이 달라졌다.

이제는 좀 더 정교하고 전략적인 전도방법이 필요하다. 첫째로는 종교심이 강한 사람이라고 전도가 더 잘되는 것이 아니라 오히려 현실의 문제를 겪는 사람일수록 전도하기 쉽다. 둘째, 종교를 선택할 때는 두루 비교해서 자신이 가장 마음이 가는 종교를 선택하는 것이 아니다. 셋째, 전도를 하면 대개 1년 이내에 교회에 출석한다. 그러므로 전도를 하면 초기에 집중적으로 설득하는 것이 효과적이다. 넷째, 교회 이미지가 전도의 결정적 무기는 아니다. 그렇지만 지금처럼 교회가 사회로부터 비난을 받는다면 전도의 걸림돌이 되므로 교회 이미지는 개선해야 한다. 다섯째, 전도는 다양한 상황에서 다양한 내용으로 이루어진다. 구체적인 이유와 목적을 가지고 교회에 나오는 새신자도 있지만 그런 것이 전혀 없이 호기심으로 나오는 새신자도 많으므로 다양한 상황에 맞게 전도해야 한다. 여섯째, 전도자가 동료 이웃보다는 가족, 친척이 압도적으로 많다. 1차적으로 가족, 친척을 대상으로 전도하는 전략이 효과적이다.[1]

---

1) 목회데이터 연구소, "새신자가 교회를 찾는 시점, 76%가 삶의 어려움 있었다!," 〈넘버즈〉 121호, 한국교회탐구센터가 조사의뢰 후 발표한 자료집 내용 인용, http://www.mhdata.or.kr/bbs/board.php?bo_table=gugnae&wr_id=46.

> **디자인 씽킹(Design Thinking)**
>
> 1단계 : **지문 읽기**
> 　집중하기
> 　속독하기
>
> 2단계 : **공감하기**
> 　불편함(부담감) 찾기
> 　문제 파악(이해하기)
> 　현재 상황(인식하기)
>
> 3단계 : **경청하기**
> 　팀원과 나누기
> 　불편함 정의하기
> 　해결방법 모색하기
>
> 4단계 : **아이디어**
> 　아이디어 구상하기
> 　키워드 디자인하기
> 　좋은 방법 제안하기

1. 전도란 무엇인가?

1. 선교 vs. 전도 : 선교와 전도의 차이는 무엇인가?

선교(missions)라는 말은 '보낸다'(send)라는 의미의 라틴어 'mitto'에서 파생되었다. '보내기'라는 뜻에서 '사절(보냄을 받은 사람 또는 단체)'이라는 의미와 '사명(사절에게 부과된 일)'이라는 의미를 갖게 되었다. 따라서 선교는 "하나님의 □□□을 받고, 세상에 나아가 □□을 수행하는 것"이다. 선교적 사명 중 가장 중요한 사명이 전도이다.

답) 보내심, 사명

> 선교(missions)라는 말은 '보낸다'(send)의 의미를 가진 라틴어 'mitto'에서 파생되었다. 선교는 복음 전파와 함께 교육, 문서활동, 사회활동 등 그 목적이 예수 그리스도를 증거하고 하나님의 뜻을 성취하는 것이다.

전도(傳道)는 한자어로 '도를 전하는 것', '길을 가르쳐 준다'라는 뜻인데, 기독교에서는 교리, 즉 "기독교의 교리를 전한다"는 뜻으로 쓰인다. 영어의 전도(Evangelism)는 "□□ 소식을 전한다"는 뜻이다. 따라서 전도는 "예수 그리스도의 복음을 불신자에게 전하는 행위"이다. 이런 의미에서 선교와 전도는 유사한 의미를 공유하지만, 선교는 전도보다 큰 개념이다.

답) 기쁜

> 전도란 '복음' 곧 기쁜 소식을 전하고, 만민에게 그리스도를 증거하는 일이다. 그리고 모든 사람들을 그리스도의 제자로 삼는 일이다.

전도학습 TIP

선교와 전도의 차이는 두 가지로 나타난다. 하나는 복음을 전하는 행위의 구분이다. 전도는 불신자에게 복음을 직접 전하는 행위에 국한된다고 한다면 선교는 교회의 모든 전도활동과 사업을 포함하고 있다. 다른 하나는 지역적인 구분이다. 전도는 국내에서 복음을 전파하는 행위로 이해를 하고, 선교는 해외에서 복음을 전파하는 행위라고 이해한다. 그러나 국내에서 복음을 전하거나 해외에 나가서 복음을 전할지라도 같은 동족을 대상으로 하는 사역은 좁은 의미에서 선교로 보지 않는다. 선교란 타 문화권에 가서 다른 종족들을 대상으로 복음을 전하는 것을 국한해서 말하기 때문이다. 그래서 국내에서 복음 전하는 사람들에게는 선교사라는 용어를 사용하지 않는다.[2]

2. 전도의 정의 : 전도는 복음을 전한다는 뜻이다!

① 전도는 좋은 소식을 □□하는 것이다! (막 1:14-15) / 전파

② 전도는 하나님의 거룩한 □이다! (마 9:35-38) / 일

③ 전도는 예수님의 □□이다! (마 28:19-20) / 명령

④ 전도는 성령님의 □□이다! (행 1:8) / 사역

> 전도라는 개념은 불신자에게 복음을 직접 전하는 행위에 국한되고, 국내에서 복음을 전파하는 행위로 이해한다.

3. 전도에 대한 오해 : 복음 전파만 하면 되는가?

전도에서 고려할 한계가 있다.

① 전도를 선포로 이해할 때 사회적 책임을 실천하기 어렵다.

---

2) 조종건, "선교와 전도는 어떻게 다른가?," 『한동신문』(2005. 5. 3), 〈오피니언〉 기사본문 - 한동신문, https://www.hgupress.com/news/articleView.html?idxno=204.

② 전도를 통해서 종교적 체험을 하는 데 한계가 있다.
③ 전도를 통해서 신앙의 결실을 맺기까지 오랜 시간이 걸린다.

> 선포로서의 전도는 하나님 나라에 들어가는 출발점으로 이해시키며, 복음전도 모델을 통해 지속적으로 학습해야 한다.

4. 전도의 이해 : 전도는 삶입니다!

① 예수님이 세상에 오신 목적은 무엇인가?
 "□□"와 "□□"이다! (막 1:38-39, 막 10:45) / 전도, 섬김
② "전도는 기술이 아니라 □입니다."
 (빌리 그레이엄, 1918-2018) / 삶

5. 전도의 다섯 가지 영역[3]

① 관계 중심의 전도

그리스도를 모르는 사람과 친교를 나누면서 자연스러운 인간관계 곧 친구, 친지, 동료, 이웃을 통해 전도하는 원리이다.

> 관계 전도의 성공적 실천전략은 평소 성령의 은혜와 능력으로 변화된 고상한 인격을 갖추고, 그리스도의 사랑으로 다른 사람을 섬기는 삶을 사는 것이다.

② 소그룹 중심의 전도

교회 소그룹의 구성원은 배우고, 인내하고, 서로 세워 가며 진정한 관계를 만들어 간다. 그 안에서 말씀과 삶이 어우러지는 영적인 변화를 경험하고, 리더로 세워지며, 궁극적으로는 선교를 위한 아웃리치에 나서게 된다.

> 소그룹 중심의 전도는 평신도가 주체가 되어 전도 대상자를 섬기고 그들과 교감하며 복음을 나누는 사역이다.

---

3) 한국선교신학회, 『한국 교회 전도의 새로운 방향』(서울: 대한기독교서회, 2023), pp. 305-430 참조.

③ MZ세대를 향한 전도

MZ세대에게 복음을 전하는 것은 어떤 의미에서 타문화권 선교와 같다. 디지털 시대 속에서 태어나 완전히 새로운 패러다임의 변화와 문화를 추구하는 삶을 살아가는 글로벌 세대라고 말할 수 있다.

> MZ세대와 가나안 성도의 문제 등은 모두 연결되어 있다. 그러므로 복음 전도와 관련한 교회의 문제를 극복하기 위해서는 교회 전체를 갱신하는 구조적인 작업과 함께 관계 전도에 기초한 일대일 복음 전도를 강조해야 한다.

④ 문화사역을 통한 전도

문화전도란 문화적 접근을 전도와 연결하는 것으로 교회가 대중의 문화양식을 활용하여 세상에 복음을 증거하는 것이다.

> 문화사역을 통한 전도는 지역사회 안에서 교회 이미지를 긍정적으로 개선하고 지역 주민과 교인들의 만남을 통해 간접적으로 그리스도의 복음을 소개하는 전도를 말한다.

⑤ 지역사회 중심의 전도

지역사회 중심의 전도는 지역사회와 동화되어 그 안에서 어울리고 경청하며, 섬김과 환대를 베푸는 방식으로 전도하는 것이다.

> '통전적 선교'는 제5차 세계교회협의회(WCC) 나이로비 총회에서 처음 제시됐다. 당시 총회에서 에큐메니칼 진영과 복음주의 진영이 선교의 개념을 두고 논쟁하는 과정에서 그 해결 방안으로 제시된 개념이 바로 '통전적 선교'다. 문자 그대로 복음전도와 사회적 책임이 통합적 관계를 이룬다는 의미가 내포됐다. 즉, 전도와 그리스도인의 사회적 책임이 동전의 양면처럼 불가분의 관계에 있다는 뜻이다.

2. 예수님의 전도

<1920년대 원산지역에서 활동한 전도부인>

최초의 전도왕 김세지

1865년 평안남도에서 출생하여 16세에 남편과 결혼하였으나 사별 후 재혼하였다. 1896년 선교사 노블(W. A. Noble) 목사에게 세례를 받고 세지(世智)라는 이름을 얻었다. 1899년 미감리회 여선교회 소속 전도부인으로 채용되어 본격적인 전도활동을 시작하였다. 선교사 보고에 의하면 전도부인으로 활동할 때 매년 2천 회 이상 가정심방을 하고, 매월 2회 이상 상갓집을 찾아가 시신의 몸을 닦아 주는 염(殮)을 하였다고 한다.

1908년 여자성경학원을 졸업하고, 전도부인이 되어 평안도와 황해도 일대를 다니며 성경을 팔면서 복음을 전하였다. 그녀는 단순한 전도인이 아니라 여성 운동가였는데, 1903년 남산현교회 여신도들과 '보호여회'를 만들었다. 여성들의 힘으로 전도와 구제에 힘써 1916년에는 만주에 선교사를 파송했고, 과부들을 구제할 목적으로 '과부회'도 조직하였다. 1919년에는 장로교와 합동하여 '대한애국부인회'를 창설하여 활동하다가 투옥되어 고문과 악형으로 건강을 심하게 해치고 말았다. 전도부인으로, 애국부인회 임원으로 당당하고 자신에 찬 삶을 살았던 김세지는 모든 변화와 축복의 원인을 예수 그리스도에게 돌린 참 신앙인이었다.[4]

---

4) 김세지(金世智) - 한국민족문화대백과사전, 일제강점기 대한애국부인회 재무부 부부장으로 활동한 개신교인, 전도부인. 경기, 한국학중앙연구원, https://encykorea.aks.ac.kr/Article/E0076706, 2025년 4월 접속.

전도부인은 신앙적인 열정과 특별한 사명감뿐만 아니라 일정 수준의 교육을 받은 후에 임명되었다. 초기에는 주로 여성선교사들로부터 개인적으로 성경과 교리교육을 받은 후에 임명되었다. 전도부인들은 여성선교사의 지휘 아래 관할지역에 파송되어 전도사역을 감당했는데, 그 활동영역에 따라 도시 전도부인, 학교 전도부인, 병원 전도부인으로 구분되었다. 초기 전도부인의 전도활동에는 성경을 판매하는 권서(勸書)의 역할도 포함되어 있었다.

1. 방법의 문제 : 언제나 이런 질문을 해야 한다!

① 예수님의 말씀을 선포하고 있는가?
② 예수님의 제자를 양육하고 있는가?
③ 예수님의 명령을 성취하고 있는가?
④ 예수님의 계획을 실천하고 있는가?

전도의 내용은 오직 예수 그리스도 한 분뿐이다. 그렇다면 전도의 목적은 당연히 예수 그리스도를 이웃에게 선물로 제시하는 것이다.

현대인들의 생활 양식이 향상되면서 가치관, 신앙관이 하루가 다르게 바뀌고 있으니 현시대에 맞는 전도방법이 개발되어야 한다. 농사 짓는 방법이 달라졌듯이 이제 전도방법도 달라져야 한다.

2. 전도의 모범 : 예수님은 완전하신 인간으로 전도하셨다!

① 예수님은 하나님의 나라와 영광만을 바라보셨다.
② 예수님은 모든 사람이 구원받기를 원하셨다.
③ 예수님은 모든 사람이 죄에서 구원을 받도록 자신을 내어주셨다.
④ 예수님은 세계구원을 꿈꾸며 전략을 세우셨다.

전도는 예수님에게 있어서 삶의 습관이었을 뿐 아니라 삶 자체였다. 예수님의 제자라면 마땅히 전도자의 삶을 살아야 한다.

예수님도 완전하신 인간으로 기도의 삶을 통해 전도하셨다. 우리도 기도를 통해 영적인 권세와 능력을 공급받아 전도의 삶을 살아야 한다.

3. 전도의 방법 : 예수님의 방법은 분명했다!

로버트 콜먼 교수[5]는 예수님의 전도방법에 대하여 복음서를 바탕으로 여덟 가지 전략을 제시하였다.

① 선택(Selection)　　　② 동거(Association)
③ 성별(Consecration)　④ 분여(Impartation)
⑤ 시범(Demonstration)　⑥ 위임(Delegation)
⑦ 감독(Supervision)　　⑧ 재생산(Reproduction)

① _____ (Selection) / 선택

　　예수님의 방법은 사람이었다. (눅 6:13)

예수님은 대중보다는 선택된 소수에 집중하셨다. 예수님은 선택된 수십 명, 특별히 12명에 집중하셨다.

② _____ (Association) / 동거

　　예수님은 제자들과 함께 동행하셨다. (마 28:20, 막 3:14)

예수님은 선택된 소수와 '함께' 지내셨다. 예수님은 그들을 어떤 신학 정규과정에 등록시킨 것이 아니라 단순히 함께하셨다.

③ _____ (Consecration) / 성별

　　예수님은 순종(헌신)을 요구하셨다. (눅 16:13)

예수님은 제자들에게 순종을 요구하셨다. 어떤 한 사람이 리더로 세워지기 위해서는 예수님께 대한 순종이 우선된다.

④ _____ (Impartation) / 분여

　　예수님은 자신의 모든 것을 기꺼이 주셨다. (롬 8:32)

제자들이 배운 것은 이론이 아니라 사랑하시는 예수님, 자신을 주시는 예수님 그 자체였다. 제자들은 배운 대로 사랑해야 했다. 그들의 사랑의 기준은 갈보리의 십자가였다.

---

[5] 로버트 콜먼은 고든콘웰 신학교의 전도와 제자훈련 특임 교수이다. 저서로는 100개 이상의 언어로 번역되어 영어판만 700만 부 넘게 팔린 『주님의 전도 계획』을 비롯해 『다시 복음의 핵심으로』, 『전도의 열정』, 『부흥의 핵심』, 『주님의 제자훈련 계획』 등이 있다.

⑤ ____(Demonstration) / 시범

예수님은 사는 방법을 직접 보여 주셨다. (요 13:15)

예수님은 자신이 사람들과 관계를 맺고 영향력을 미치며 자신의 경험을 다른 이들에게 나눠 주는 방법들을 보여 주셨다.

⑥ ____(Delegation) / 위임

예수님은 제자들에게 일을 맡기셨다. (마 4:19)

예수님은 제자들에게 처음부터 많은 일을 맡기시지 않았으나 시간이 지나면서 제자들에게 갈릴리 전도에서부터 세계선교까지 맡기셨다.

⑦ ____(Supervision) / 감독

예수님은 계속 그들의 사역을 점검하셨다. (막 8:17)

예수님은 제자들의 사역을 '감독'하셨고, 제자들은 그들에게 맡겨진 일들을 하고 나서 예수님께 '보고' 하였다.

⑧ ____(Reproduction) / 재생산

예수님은 제자들이 열매를 맺기 원하셨다. (요 15:16)

그리스도인에게 가장 중요한 것은 열매를 맺는 것, 즉 재생산이다. 예수님이 자신을 주어 제자들이 자신 없이도 사역할 수 있도록 하셨듯이, 예수님의 명령은 모든 족속으로 제자를 삼으라는 것이다.

전도학습 TIP

예수님의 원리들을 교회에 적용할 때에 방법은 다양할 수 있다. 제자들이 그랬듯 미약한 사람도 예수님의 제자로 거듭날 수 있다. 그들과 함께 지내며 자연스럽게 배우도록 하라.

3. 예수님과 동행

폐지 노인 비 막아 준 '우산 천사'[6]

비가 쏟아지는 상황에서 수레를 끌고 가는 노인에게 우산을 씌어 준 여성의 모습이 연일 화제가 되고 있다. '우산 천사'라는 별명이 붙은 이 여성은 노인에게 현금까지 뽑아 건넨 사실도 추가로 알려졌다. 자신의 선행이 화제가 되자 이 여성은 "기독교 신앙이 있어서 해야 될 것 당연히 했다고 전해 달라"며 인터뷰를 거절했다.

『경기일보』는 지난달 30일자 1면에 '폐지 어르신에 우산 내어준 천사'라는 제목으로 사진을 보도했다. 해당 사진은 온라인 커뮤니티를 중심으로 빠르게 퍼져 나가면서 '우산 천사'라는 별명이 붙었다. 도움을 받았던 80대 노인은 "아주 고마웠다. 상당히 고맙더라"라며 "비가 와서 리어카를 갖다 놓고 밥 먹으러 가는 길이었다"라며 당시 상황을 설명했다.

또 노인은 "잠깐 기다리라고 해서 마트 가서 돈까지 뽑아서 현금 3만 원을 주시더라"며 A씨의 선행을 알렸다.

> **전도학습 TIP**
>
> 기독교 신앙인으로서 각자의 삶의 자리에서 직면한 상황에 대해 함께 이야기하고, 실천할 수 있는 일들을 서로 나눈다. 최근 기독교에 대한 이미지는 어떠한지, 교회에 대한 부정적인 시선을 변화시킬 수 있는 방법은 무엇인지 서로 이야기를 나눈다.

1. □□식 전도 : 복음 제시 - 결정 - 교제

답) 주입

주입식 전도는 복음 제시(Presentation), 결정(Decision), 교제(Fellowship)의 순서로 진행하는데 이것을 로마식 전도라고 한다. 주입식 전도는 쌍방향의 대화 없이 메시지만 전달한다. 삶과의 직접적인 연결이 어렵고, 복음의 내용을 삶으로 적용하기 힘들다.

---

6) 김판 기자, "폐지 노인 비 막아준 '우산 천사'…'현금 3만원'도 뽑아 줬다", 『국민일보』(2023. 9. 5.), https://www.kmib.co.kr/article/view.asp?arcid=0018634429.

> 로마교회의 선교는 민중에게 파고드는 것이 아니라 왕실과 대귀족을 선교 대상자로 삼았다.

2. □□식 전도 : 상호적 교제(상황) - 대화 - 초청

답) 켈트

관계 전도는 삶의 정황에 깊이 관여하는 관계를 중요시한다. 이것을 켈트식 전도라고 부르는데, 켈트 기독교는 노예로 잡혀 있던 한 전도자 패트릭의 헌신으로 복음전도가 이루어졌다. 패트릭은 켈트족의 문화와 종교를 충분히 이해하고, 전도를 강요하기보다는 켈트족이 기독교 문화를 받아들일 때까지 그들과 함께 생활하며 기다렸다. 따라서 켈트식 전도는 교제(Fellowship), 대화중심 사역(Ministry and Conversation), 믿음과 헌신으로의 초청(Belief, Invitation to Commitment)의 순서가 적용된다.

> 세인트 패트릭(St. Patrick)은 A.D. 400년경 아일랜드 켈트족의 기독교 부흥을 이끌었던 대표적인 인물이다. 켈트식 전도법은 복음의 선포가 아니라 사람들과의 관계를 여는 것에서 시작한다. 그리고 그 관계망 안으로 들어온 사람들로 하여금 대화와 사역을 통해 성장하도록 돕는다.

3. □□□ 전도 : 그리스도의 삶을 보여 주는 것이다!

답) 통전적

신앙과 일, 개인 경건과 사회 정의, 복음화와 사회 개혁, 친교와 예배 등 모든 일이 종합적으로 온전하게 이루어져 영혼 구원과 사회 구원을 이루어 하나님의 영광을 드러내는 것이다. 그러므로 통전적 전도는 세상 일과 하나님의 일을 구별하지 않고 모든 영역에서 행하는 모든 과업을 하나님의 사역으로 본다. 그리하여 삶을 통하여 그리스도를 증거하는 것을 말한다.

> '통전적'이라는 뜻을 가진 영어 'holistic'의 어원은 전체, 완성, 건강, 치료하다, 거룩하다를 의미하는 그리스어 'holos'에서 유래되었다.

4. □□하는 전도 : 다양한 유형의 전도방법론이 존재한다!

답) 동행

예수님의 성육신 사건은 전도방법의 가변성에 대한 성경적 근거를 제공한다. 성육신 사건은 "하나님이 세상을 이처럼 사랑하사"(요 3:16) 그 아들 예수 그리스도께서 인간의 몸을 입고 이 땅에 오셔서 인간과 동행하신 것이다. 그러므로 그리스도인들은 예수님의 방식을 따라 삶의 자리에서 다양한 모습으로 복음을 증거해야 한다. 그러나 "모든 민족으로 제자를 삼으라"(마 28:19)는 가장 중요하고 변하지 않는 주님의 명령을 기억해야 한다. 전도의 목적이 형편에 따라 좌우로 흔들려서는 안 된다. 사회적으로 소외된 자들을 돕고, 누구에게나 겸손한 모습으로 빛과 소금처럼 세상을 섬기며, 예수님처럼 동행하는 삶을 살아야 한다.

> 전도에서 가장 중요한 것은 상대방의 영혼을 예수님처럼 불쌍히 여기는 마음이다. 예수님의 마음을 품고, 그 영혼을 위하여 함께 동행하며 믿음의 길을 걸어가는 것이 중요하다.

전도학습 TIP

전도는 진리를 전하는 것이기 때문에 정직해야 하고 진실해야 한다. 진실과 진리는 반드시 승리한다. 이것이 복음이다. 진정성 있는 전도가 절실한 시대다. 전도는 지혜와 순결이 동반되어야 한다.

[나눔 및 적용]

1. 조별 나눔

① 전도의 다섯 가지 영역은 무엇인가?

② 예수님의 8가지 전도전략과 그 의미는 무엇인가?

③ 주입식 전도와 켈트식 전도의 강점과 약점은 무엇인가?

2. 적용하기

① 선교와 전도의 차이는 무엇인가?

② 예수님의 전도전략은 무엇인가?

③ 나 혹은 우리 교회 공동체가 실천할 수 있는 전도방법은 무엇인가?

④ 통전적 전도의 실천방법은 무엇인가?

3. 기도하기

① 전도 대상자를 사랑하고 가장 적합한 방식으로 전도할 수 있도록 지혜를 주옵소서.

② 전도방법을 지식으로만 배우지 않고, 실천하도록 용기를 주옵소서.

③ 전도는 인간의 공로가 아닌 삼위일체 하나님의 사역임을 선포하게 하옵소서.

전도학습 TIP

1. 조별 나눔은 그동안 배운 것을 반복학습 형식으로 기억하며, 학습내용에 대한 자신의 생각을 나눈다.
2. 적용하기는 학습내용에 대한 질문을 통해서 자신을 성찰하고, 문제상황을 파악한다.
3. 기도하기는 학습내용을 바탕으로 함께 기도제목을 나눈다.

주간 전도과제

1. 전도유형

전도방법	☐ 개인　　　　☐ 그룹(2인 이상)
참석자	

2. 전도실천

전도대상	☐ 자주 교제하거나 연락하는 사이　☐ 가끔 교제하는 사람 ☐ 안면 있는 사람　　　　　　　　☐ 이웃 또는 직장동료 ☐ 불신자 가족 또는 지인　　　　　☐ 기타 (　　　　)
기도하기	☐ 하루 10분　　☐ 하루 30분　　☐ 하루 1시간 이상 ■ 한 주간 총 기도시간 =　　　시간　　분
전화(SNS) 연락	☐ 1명　　　　☐ 2명　　　　☐ 3명 이상 ☐ 단체 문자 또는 카톡방(10명 이상)　☐ 한 주간 (　　　)명
전도하기	주일 / 월 / 화 / 수 / 목 / 금 / 토
사랑나눔	▶베푸는 사랑(음식, 선물, 축하, 섬김 등) ▶띄우는 사랑(전도지, 편지, 문자 등) ▶만나는 사랑(식사, 취미활동〈운동, 여행 등〉, 장보기, 영화관람 등)

3. 전도 대상자

순번	이름	성별 남	성별 여	연락처	주소(거주지역)	재방문	등록
1							
2							
3							
4							
5							
6							
7							
8							
9							
10							

02 전도와 성령

1. 전도의 주체는 성령님!
2. 복음의 확산

"모세는 처음 40년 동안에 자신이 대단한 인물(something)이라고 생각하며 살았다.
그리고 그다음 40년 동안에는 자신이 아무것도 아니라는 것(nothing)을 알게 되었다.
그리고 마지막 40년 동안에는 아무것도 아닌 자(nothing)를 하나님이 들어 쓰시면 권능자(everything)가 될 수 있음을 아는 삶을 살았다."

D.L 무디

인천 ○○장로교회 전도왕 ○○○ 권사, 그녀는 우리나라를 대표하는 전도왕이다. A권사는 20여 년 동안 무려 7만 명 이상을 전도한 분이다. 어느 날 A권사가 주안 전철역에서 나오는 한 청년에게 "예수 믿으세요." 하고 전도를 했는데, 아무런 반응이 없었다. A권사는 따라가면서 또 전도를 했다. "꼭 예수 믿고 구원받아야 합니다. 구원받지 못하고 죽으면 지옥 갑니다." 그러자 이 청년이 갑자기 돌아서서 주먹으로 A권사의 얼굴을 후려쳤다. A권사는 역 광장 아스팔트 바닥에 코피를 흘리면서 쓰러졌다. 그런데 일주일 후에 그 청년으로부터 사과의 전화가 왔다.

"지금까지 제가 수도 없이 많은 사람들을 두들겨 패면서 살아왔지만 아무 일이 없었습니다. 그런데 아주머니를 후려치고 난 그날부터 저는 밤마다 땅바닥에 쓰러져 있는 아주머니의 얼굴이 눈앞에 어른거려서 일주일 동안 꼬박 잠을 자지 못했습니다. 저를 용서해 주세요. 그리고 저도 아주머니가 믿는 그 예수님을 믿을 수가 있겠습니까?"

결국 그 청년은 A권사의 안내로 교회에 나왔고, 신학을 공부하여 지금은 필리핀에서 선교사로 일하고 있다. 그분이 바로 ○○○선교사이다. 이렇게 전도해서 A권사는 한 해 동안 9,546명까지 전도를 했다. A권사의 중보기도가 한 깡패를 목사로 만들었고, 아들을 살려냈고, 남편을 하나님에게 돌아오게 하는 놀라운 기적을 일으킨 것이다.

우리 모두가 A권사가 될 수는 없다. 그러나 A권사가 의지한 하나님은 우리의 하나님이요, A권사가 가지고 있는 구원의 선물을 우리도 가졌다. 지금 우리도 기도하고 순종하여 사랑으로 전도하면 하나님께서 귀한 결실을 우리에게 맺게 해 주실 것이다.[7]

---

7) 나겸일 외 공저, 『주안교회 전도이야기』 (도서출판 주안, 2006).

디자인 씽킹(Design Thinking)

1단계 : 지문 읽기
집중하기
속독하기

2단계 : 공감하기
불편함(부담감) 찾기
문제 파악(이해하기)
현재 상황(인식하기)

3단계 : 경청하기
팀원과 나누기
불편함 정의하기
해결방법 모색하기

4단계 : 아이디어
아이디어 구상하기
키워드 디자인하기
좋은 방법 제안하기

전도학습 TIP

전도할 때 가장 힘들었던 일은 무엇인가? 각자의 경험을 나누게 한다. 서로의 이야기를 경청하며, 힘들었던 원인에 대해서 아이디어를 모은다. 도식화 또는 시각적인 방법으로 전도에 대한 상황을 표현하며, 원인을 분석한다. 그리고 갈라디아서 6:7~9 말씀을 함께 읽고, 전도의 어려운 문제를 어떻게 해결할 수 있는지 성경말씀을 통해서 나눈다.

1. 전도의 주체는 성령님!

1. 성령의 권능? : 전도의 주체는 성령님이다!

델로스 마일스(Delos Miles)는 "성령님이 없는 복음전도는 영혼이 없는 육체와도 같다."라고 말한다.[8] 성령님께서 전도의 주체라는 사실을 잊어서는 안 된다. 전도는 우리가 하는 것이 아니고 성령님께서 하신다. 우리에게 필요한 것은 성령의 권능이다.

성령의 권능이 임하면 어떤 일이 일어나는가? 예수님의 증인이 된다. 성령의 권능을 받은 제자들은 나가서 복음을 전하였다. 초대교회 성도들이 박해 속에서도 계속해서 담대히 복음을 전할 수 있었던 것은 성령의 충만함을 받았기 때문이다. 어떻게 성령의 충만함을 받을 수 있는가? 간절히 기도하고 하나님의 말씀을 들을 때 성령의 충만함을 받을 수 있다.

---

8) 엘빈 레이드 저, 임채남 역,『복음주의 전도학』(서울: 기독교문서선교회, 2018), p. 259.

'권능'으로 번역된 헬라어 단어 '두나미스'는 '할 수 있다. 가능하다, 힘이 있다'는 뜻의 '두나마이'의 명사형으로 '강한 힘, 전능한 일'이란 의미이다.

> '권능'(두나미스)은 '하나님의 말씀을 전해 주고 넘겨주는 능력'으로 성경에 기록되어 있다. 권능(능력)을 행한다는 것은 단순히 눈에 보이는 기사와 이적을 의미하는 것이 아니라 진리의 말씀, 생명의 말씀을 전해 준다는 의미를 갖고 있다.

2. 부흥이란? : 부흥은 성령님께서 이루신다!

마틴 로이드 존스는 부흥에 대해 이렇게 말한다. "부흥은 실로 하나님이 임하시는 것이다. 부흥은 문자 그대로 성령 하나님이 자신들 가운데 임하셨음을 알게 되는 것이다."[9] 부흥은 단순히 성도 수가 늘어나는 것이 아니다. 진정한 부흥은 성령을 통해 이루어진다. 성령을 통한 부흥은 어떤 것인가? 우선 회개가 일어난다. 회개는 자기중심적인 삶에서 예수님 중심적인 삶으로 바뀌게 한다. 회개는 우리의 힘으로 하는 것이 아니다. 성령이 임해야 회개할 수 있다. 또한 하나님의 영광이 세상에 가득한 것이 부흥이다. 부흥은 교회를 넘어서 세상에서 하나님의 영광을 드러낸다. 교회가 지역사회에서 칭찬을 받고 있는가? 부흥은 단지 교회를 다니는 사람이 많아지는 것이 아니다. 참된 부흥은 예수님을 주님으로 모시고 살아가는 예수님의 제자의 수가 늘어나는 것이다. 그리고 궁극적인 부흥은 교회의 부흥을 넘어 이 땅에 하나님의 나라가 이루어지게 한다.

"부흥은 하나님께서 자기 백성을 방문하신 것이요, 하늘의 날들이 땅에 임한 것이며, 교회 안에 역사하시는 성령의 주재이며 하나님의 백성들에게 한량없이 주어진 풍성한 생명이다." (마틴 로이드 존스)

> 부흥은 "Revival", 즉 "죽었던 것이 다시 살아나는 것"이다. 죽었던 인생이 다시 살아나고, 죽었던 가정이 다시 살아나고, 죽었던 교회, 죽었던 나라, 죽었던 우리의 다음 세대가 다시 살아나는 것, 그것이 바로 부흥이다.

전도학습 TIP

2023년 애즈베리 부흥은 여러 면에서 깊은 울림을 주는 영적 사건이었다. 첫째, 이 부흥은 Z세대 청년들이 주로 참여한 집회에서 비롯되었으며, 그들 가운데 임한 성령의 부어주심(outpouring)이 중

---

9) 마틴 로이드 존스 저, 정상윤 역, 『부흥』 (서울: 복있는사람, 2006), pp. 568-569.

심이 되어 자연스럽게 확산되었다. 둘째, 소셜 미디어를 통해 소식이 빠르게 퍼져나갔으나, 이는 현장의 참여자들이 자발적으로 알리기보다는, 부흥을 목격한 외부 방문객들과 관찰자들에 의해 공유된 것이었다. 이러한 흐름은 애즈베리 공동체가 부흥의 본질을 존중하고자 디지털 노출을 자제했던 태도와도 맞닿아 있다. 셋째, 집회 현장에서는 찬양과 회개, 성경 봉독, 간증이 풍성하게 이어졌고, 계획되지 않은 순전한 예배의 흐름이 자연스럽게 이어졌다. 넷째, 이 부흥은 어떤 프로그램이나 단체, 또는 신학적 경향에 의해 형성된 것이 아니라, '성령의 부어주심'으로 불리며 하나님께서 주권적으로 일하시는 현장으로 받아들여졌다. 기독교계 유명 인사들의 개입 없이 공동체가 중심이 되어 자발적으로 예배하며, 하나님을 갈망하는 분위기가 이어졌다. 다섯째, 성령의 임재 가운데 회개와 말씀에 대한 갈망, 예배의 집중, 공동체적 연합 등 부흥의 본질적인 열매들이 뚜렷하게 나타났다. 여섯째, 미국의 주요 언론들도 이 사건을 크게 조명하였으며, 그 관심은 다양한 사회적 배경 속에서도 영적 각성에 대한 열망이 살아있다는 사실을 보여 주는 방증이 되었다. 일곱째, 약 280개 이상의 대학에서 수많은 학생들이 애즈베리대학교가 있는 윌모어를 방문하였고, 총 방문자는 7만 명에 달했다. 이와 같은 참여는 단순한 규모를 넘어, 다양한 캠퍼스 현장으로 영적 감동이 이어지며 젊은 세대 전반에 걸쳐 깊은 변화와 각성을 일으키는 계기가 되었다.

조나단 에드워즈는 "많은 사람들이 성령에 충만하여, 진정으로 성령님에 의해 인도되는 삶을 살고 있으며, 그들이 속한 교회 공동체 역시 성령에 의해 인도되는 모습을 보이고 있을 때, 우리는 그것을 '부흥'이라 부를 수 있다."고 말한 바 있다. 그렇다면 오늘날 우리의 교회와 일상의 현장에서는 어디에서 이러한 성령 충만의 역사가 일어나고 있는지, 그리고 우리는 어떻게 그 부흥의 흐름에 기도와 순종으로 참여할 수 있을지 함께 성찰해 보아야 할 시점이다.[10]

3. 권능으로 : 성령의 권능을 받는다는 것은 어떤 의미인가?

"또 이르시되 너희는 온 □□에 다니며 □□에게 □□을 전파하라 믿는 자들에게는 이런 표적이 따르리니 곧 그들이 내 이름으로 □□을 쫓아내며 새 □□을 말하며 뱀을 집어올리며 무슨 독을 마실지라도 해를 받지 아니하며 □□ 사람에게 손을 얹은즉 나으리라 하시더라" (막 16:15, 17-18)

답) 천하, 만민, 복음, 귀신, 방언, 병든

"오직 성령이 너희에게 임하시면 너희가 권능을 받고 예루살렘과 온 □□와 □□□□와 □□까지 이르러 내 증인이 되리라 하시니라" (행 1:8)

답) 유대, 사마리아, 땅 끝

---

10) 사라 토마스 볼드윈 저, 남성혁 역, 『부어주시는 부흥의 세대』(다음시대연구소, 2025).

복음전파의 대상은 모든 나라와 민족이며, 그 범위는 세상 끝까지 전파해야 한다. 복음을 전파하지 않으면, 구원의 역사는 일어나지 않는다. 성령의 권능으로 복음의 능력이 나타난다. 그러므로 나의 힘과 노력이 아닌 성령님의 권능으로 어디든 전도할 수 있다.

4. 인도하심을 따라 : 성령의 인도하심을 받는다는 것은 어떤 의미인가?

"보라 이제 나는 □□에 매여 예루살렘으로 가는데 거기서 무슨 일을 당할는지 알지 못하노라 오직 □□이 각 성에서 내게 증언하여 결박과 환난이 나를 기다린다 하시나 내가 달려갈 길과 주 예수께 받은 사명 곧 하나님의 은혜의 복음을 □□하는 일을 마치려 함에는 나의 생명조차 조금도 귀한 것으로 여기지 아니하노라" (행 20:22-24)

답) 성령, 성령, 증언

성령에 매인다는 것은 자기 유익이나 자기 안일을 좇는 게 아니라 오직 하나님의 나라와 의를 구하는 것, 곧 하나님의 유익을 좇는 일을 뜻한다.

5. 충만함 : 성령의 충만함은 어떤 모습인가?

"스데반이 성령 충만하여 하늘을 우러러 주목하여 하나님의 □□과 및 □□께서 하나님 우편에 서신 것을 보고" (행 7:55)

답) 영광, 예수

"그들이 돌로 스데반을 치니 스데반이 부르짖어 이르되 주 예수여 (   ) 하고 무릎을 꿇고 크게 불러 이르되 주여 (   ) 이 말을 하고 자니라" (행 7:59-60)

답) 내 영혼을 받으시옵소서, 이 죄를 그들에게 돌리지 마옵소서

우리는 조금만 안 좋은 소문이 나도, 잎새 떨어지는 소리에도 겁을 낸다. 이것을 극복하는 길은 성령으로 충만하여 하늘을 바라보는 것이다. 스데반은 성령으로 충만했기에 하늘을 바라볼 수 있었다.

전도학습 TIP

스데반은 성령의 사람이었기에 많은 능력이 나타났다. 하나님께서 함께하심이 인간의 육안으로는 보이지 않기 때문에 인간이 할 수 없고 하나님만이 하실 수 있는 기적과 이적으로 증명해 보였다. 그것은 사도들이 전하는 말씀들이 하나님의 말씀인 것을 믿게 하기 위함이다. 스데반의 이적과 기적은 요엘 선지자의 예언의 실현이었다. 성령을 남녀 종들에게 부어 주어 청년들은 예언할 것이며 젊은이들은 환상을 볼 것이며 늙은이들은 꿈을 꾸리라 했다. 이 말은 구약시대에는 사제들에게만 기름을 부어 구별하여 하나님의 일을 하게 하셨지만, 신약시대에 이르러서는 남녀 누구에게나 기름 부으시고 일꾼 삼아 일하신다는 말씀이다.

6. 부흥과 성령 : 부흥은 성령의 역사다!

① 마음에 찔려 □□, 예수 그리스도의 이름으로 □□, □ 사함 받고 □□의 선물을 받았다. (행 2:37-38) / 회개, 세례, 죄, 성령

② 온 백성에게 □□을 받았다. (행 2:47) / 칭송

③ □□의 수가 많아졌다. (행 6:7) / 제자

④ 하나님의 □□가 이루어진다. (행 28:23) / 나라

'부흥'이라는 단어는 침체되어 있는 삶을 회복한다는 의미로 사용된다. 그러므로 '부흥'이 교회적인 의미로 사용된다면 침체되어 있는 교회가 회복하는 것이라 할 수 있다.

7. 부흥의 특징 : 부흥하는 초대교회의 모습은 무엇인가?

① 성령의 부으심을 위해 "더불어 마음을 같이하여 오로지 □□에 힘썼다". (행 1:14) / 기도

② □□는 □□□□ 라고 가르치기와 □□하기를 그치지 않아야 한다. (행 5:42) / 예수, 그리스도, 전도

③ 철저하게 □□의 역사가 일어났다. (행 2:38) / 회개

성경적이고 역사적인 부흥의 참된 모습은 영적인 각성을 통한 전 인격적인 변화가 일어나며, 무엇보다도 하나님의 말씀에 대한 집중적인 사모함이 나타난다.

8. 부흥의 결과 : 부흥에는 3가지 결실이 따랐다.

① 개인의 회개와 사회적 변화의 운동이 일어났다.

② 사명을 회복하여 전도와 선교의 확장운동이 일어났다.

③ 교회의 부흥은 사회적 변혁으로 확장되었다.

> "부흥의 기본적인 개념은 언제나 어떤 것을 그것의 본래의 본질이나 목적으로 되돌리는 것입니다. 부흥의 때에 모든 사람들은 하나님의 생명으로 충만하게 될 것입니다." (로버트 콜먼)

전도학습 TIP

이안 머레이는 부흥이 오면 나타나는 시대의 6가지 특징을 말하였다. 첫째, 부흥은 하나님의 말씀을 회복시킨다. 믿음의 회복을 경험했던 시대는 언제나 성령의 일깨움과 중생의 사역이 명백히 나타난 시대였다. 부흥은 사도시대와 같이 복음이 사람들의 지혜와 부딪힐 때 일어나는 사건이다. 둘째, 부흥은 성도를 성도답게 한다. 셋째, 부흥은 복음전도를 가속화한다. 넷째, 부흥은 사회를 변화시킨다. 다섯째, 부흥은 목회자를 목회자답게 한다. 여섯째, 부흥은 예배를 예배답게 한다.

2. 복음의 확산

사도행전은 역사서로서 기독교 교회사의 첫 번째 책이라고 할 수 있다. 오순절 날 성령의 강림으로 초대교회가 생겨나고, 베드로와 바울을 비롯한 많은 그리스도인들에 의해 복음이 전파되었고, 마침내 로마까지 도착한 성령의 역사이다.

누가복음과 사도행전에서 성령의 역할은 약 70회 이상 등장하고 있다. 특히 사도행전에서는 베드로, 야고보, 스데반, 바나바, 바울 등 초대교회의 지도자들을 통해 복음전도가 어떻게 이루어졌는지 자세히 기록하고 있다. 그러나 복음전도를 통해 예루살렘에서 땅 끝까지 교회가 확장되는 과정에서, 사도들보다 성령이 가장 중요한 역할을 감당했음을 알 수 있다.

전도학습 TIP

예수님이 부활 승천하신 후에 제자들은 예루살렘과 온 유대와 사마리아와 땅 끝까지 흩어져서 하나님의 나라의 복음과 부활하신 예수님의 증인으로 살다가 고난을 받으며 모두 순교했다. 사도행전은 28장으로 끝이 나지만, 31절은 이렇게 기록하고 있다. "하나님의 나라를 전파하며 주 예수 그리스도에 관한 모든 것을 담대하게 거침없이 가르치더라." 따라서 사도행전은 끝이 아니라 현재 진행형이다. 그러므로 28장에 이어서 29장을 써내려가야 한다. 예수님의 제자로 부르심을 받은 그리스도인은 지상명령(마 28:18-20)을 깨달아 교회를 통해서 또는 신앙 공동체를 통해서 성령의 역사를 새롭게 기록해야 한다.

1. 예루살렘

"□□□ 날이 이미 이르매 그들이 다같이 한 곳에 모였더니 홀연히 하늘로부터 급하고 강한 바람 같은 소리가 있어 그들이 앉은 온 집에 가득하며 마치 불의 혀처럼 갈라지는 것들이 그들에게 보여 각 사람 위에 하나씩 임하여 있더니 그들이 다 □□의 충만함을 받고 □□이 말하게 하심을 따라 다른 언어들로 말하기를 시작하니라" (행 2:1-4)

답) 오순절, 성령, 성령

> 오순절은 그리스도의 몸인 교회가 설립된 날이다. 오순절에 임하신 성령은 하나님의 거하시는 처소이자 하나님의 성전인 그리스도의 몸을 세웠던 것이다.

2. 온 유대

"믿는 무리가 한마음과 한 뜻이 되어 모든 물건을 서로 □□하고 자기 □□을 조금이라도 자기 것이라 하는 이가 하나도 없더라 사도들이 큰 □□으로 주 예수의 □□을 증언하니 무리가 큰 은혜를 받아 그 중에 가난한 사람이 없으니 이는 밭과 집 있는 자는 팔아 그 판 것의 값을 가져다가 사도들의 발 앞에 두매 그들이 각 사람의 필요를 따라 나누어 줌이라" (행 4:32-35)

답) 통용, 재물, 권능, 부활

> 초대교회는 하나님을 예배하며 영광을 돌리는 것뿐 아니라, 공동체 생활의 중심적 역할을 통해 지역 사회의 어려운 형제를 돌보는 일에도 깊은 관심을 기울였다.

3. 사마리아

"그 흩어진 사람들이 두루 다니며 복음의 말씀을 전할새 빌립이 □□□□ 성에 내려가 그리스도를 백성에게 전파하니 무리가 빌립의 말도 듣고 행하는 표적도 보고 한마음으로 그가 하는 말을 따르더라 많은 사람에게 붙었던 더러운 귀신들이 크게 소리를 지르며 나가고 또 많은 중풍병자와 못 걷는 사람이 나으니 그 성에 큰 □□이 있더라" (행 8:4-8)

답) 사마리아, 기쁨

> 유대와 사마리아는 오랫동안 서로 적대시해 왔던 곳이다. 그렇지만 무리는 빌립의 말을 듣고, 그가 행하는 표적도 보고 한마음으로 복음을 받아들였다. 복음이 전파된 곳마다 그러했듯이, 사마리아 성에도 기쁨이 넘쳤다.

4. 땅 끝

"그런즉 하나님의 이 구원이 이방인에게로 보내어진 줄 알라 그들은 그것을 들으리라 하더라 바울이 온 이태를 자기 셋집에 머물면서 자기에게 오는 사람을 다 영접하고 □□□의 □□를 전파하며 주 예수 그리스도에 관한 모든 것을 담대하게 거침없이 가르치더라" (행 28:28-31)

답) 하나님, 나라

> 바울은 부활하신 예수님께서 약속하신 것처럼 로마에서 하나님의 나라에 대한 기쁜 소식을 전파했다.

전도학습 TIP

예루살렘을 시작으로 온 유대와 사마리아와 땅 끝까지 복음이 전파되었다. 바울의 사역으로 인해 로마에 교회가 설립되고, 이방 선교를 통해 전 세계에 하나님의 나라가 선포되었다.

[나눔 및 적용]

1. 조별 나눔

① 전도의 주체는 누구신가?

② 성령의 충만함은 어떤 모습인가?

③ 사도행전에 나타난 성령의 역사는 어떤 모습인가?

2. 적용하기

① 전도하기 전에 성령의 충만함을 구하는 시간을 가지라.
② 전도 대상자에게 복음을 전하기 전에 성령의 권능이 나타나기를 기도하라.
③ 성령의 권능이 나타나고 성령의 충만함을 받기 위해 릴레이 기도를 하라.

3. 기도하기

① 전도할 때 성령의 권능이 나타나게 하옵소서.
② 성령의 충만함을 주셔서 담대히 복음을 전하게 하옵소서.
③ 부흥이 일어나게 하옵소서.

전도학습 TIP

1. 조별 나눔은 그동안 배운 것을 반복학습 형식으로 기억하며, 학습내용에 대한 자신의 생각을 나눈다.
2. 적용하기는 학습내용에 대한 질문을 통해서 자신을 성찰하고, 문제상황을 파악한다.
3. 기도하기는 학습내용을 바탕으로 함께 기도제목을 나눈다.

주간 전도과제

1. 전도유형

전도방법	☐ 개인　　　　　☐ 그룹(2인 이상)
참석자	

2. 전도실천

전도대상	☐ 자주 교제하거나 연락하는 사이　　☐ 가끔 교제하는 사람 ☐ 안면 있는 사람　　　　　　　　　☐ 이웃 또는 직장동료 ☐ 불신자 가족 또는 지인　　　　　　☐ 기타 (　　　)
기도하기	☐ 하루 10분　　☐ 하루 30분　　☐ 하루 1시간 이상 ■ 한 주간 총 기도시간 =　　시간　　분
전화(SNS) 연락	☐ 1명　　　　☐ 2명　　　　☐ 3명 이상 ☐ 단체 문자 또는 카톡방(10명 이상)　☐ 한 주간 (　　)명
전도하기	<table><tr><td>주일</td><td>월</td><td>화</td><td>수</td><td>목</td><td>금</td><td>토</td></tr><tr><td></td><td></td><td></td><td></td><td></td><td></td><td></td></tr></table>
사랑나눔	▶베푸는 사랑(음식, 선물, 축하, 섬김 등) ▶띄우는 사랑(전도지, 편지, 문자 등) ▶만나는 사랑(식사, 취미활동<운동, 여행 등>, 장보기, 영화관람 등)

3. 전도 대상자

순번	이름	성별		연락처	주소(거주지역)	재방문	등록
		남	여				
1							
2							
3							
4							
5							
6							
7							
8							
9							
10							

03 전도와 기도

1. 전도와 기도는 명령이다
2. 기도로 시작해야 하는 이유

"주여 나를 변화시켜 주시고,
나를 통하여 이 어두워져 가는 세상을
변화시켜 주소서."

윌리엄 부스

무디는 하루에 한 사람에게 반드시 복음을 전한다는 목표를 세웠다. 그런데 어느 날은 아무에게도 전도할 기회를 얻지 못했다. 그날 밤 잠자리에 들었으나 책임을 완수하지 못했다는 생각 때문에 잠이 오지 않았다. 그래서 다시 옷을 입고 거리로 나갔다.

밤중에 거리에 서서 복음을 전할 대상자를 찾는데, 한 술주정꾼이 눈에 띄었다. 그는 다짜고짜 다가가서 "예수님을 아시나요?"라고 물었다. 그 술주정꾼은 예수라는 말을 듣자마자 화부터 벌컥 내며 무디를 밀쳐 버렸다. 무디는 집으로 돌아올 수밖에 없었다.

그 후 3개월이 지난 어느 날 누군가가 무디의 집을 찾아와 문을 두드렸다. 나가서 문을 열어보니 예전의 그 술주정꾼이었다. 그 술주정꾼은 그날 밤 예수님을 아느냐는 말에 크게 화를 냈으나 그때부터 그 말이 귓전에서 떠나지 않아 예수를 믿기로 했다고 고백했다.

복음을 전하는 것은 우리 몫이고 그 복음의 씨앗을 발아하게 하고 자라게 하며 결실을 맺게 하는 것은 하나님의 몫이다. 그러니 열심히 기회를 찾아서 복음을 전해라.[11]

"눈물을 흘리며 씨를 뿌리는 자는 기쁨으로 거두리로다 울며 씨를 뿌리러 나가는 자는 반드시 기쁨으로 그 곡식 단을 가지고 돌아오리로다" (시 126:5-6)

---

11) 김장환, "술주정꾼을 전도한 무디," 『큐티 365』 (나침반출판사), 12월 9일 [전도].

디자인 씽킹(Design Thinking)

1단계 : 지문 읽기
    집중하기
    속독하기

2단계 : 공감하기
    불편함(부담감) 찾기
    문제 파악(이해하기)
    현재 상황(인식하기)

3단계 : 경청하기
    팀원과 나누기
    불편함 정의하기
    해결방법 모색하기

4단계 : 아이디어
    아이디어 구상하기
    키워드 디자인하기
    좋은 방법 제안하기

전도학습 TIP

전도 대상자를 위해 기도했던 경험을 나눈다. 전도 대상자를 위해 기도한 후 전도할 때와 단순히 인간관계에 의존하여 전도할 때가 어떤 점이 다른지 서로 이야기를 나눈다. 그리고 전도를 하기 전 기도하면 좋은 점이 무엇인지 디자인 씽킹을 활용하여 기도에 대한 실천적인 방법을 제시할 수 있다.

1. 전도와 기도는 명령이다

전도는 하나님의 사랑에 대한 반응이다. 예수님께서도 그 사랑에 반응하셨고, 그 사랑을 전하기 위해서 이 땅에 오셨다. 예수님은 하나님께서 우리를 사랑하시는 확증이다. 예수님께서는 그것을 기도로 이루셨다. 또한 우리로 그 사랑에 반응하게 하셔서 전도하게 하신다. 우리도 예수님처럼 그것을 기도로 이룰 수 있다.

1. 하나님의 명령: 전도는 하나님의 명령이다.

"주인이 종에게 이르되 길과 산울타리 가로 나가서 사람을 □□하여 데려다가 내 집을 채우라" (눅 14:23)

답) 강권

> 하나님께서는 인류를 구원하시기 위해 독생자 예수를 보내셨다. 세상을 구원하시기 위해서 십자가의 대속제물로 삼으셨다.

"¹⁹그러므로 너희는 가서 모든 민족을 제자로 삼아 아버지와 아들과 성령의 이름으로 세례를 베풀고 ²⁰내가 너희에게 □□한 모든 것을 가르쳐 지키게 하라" (마 28:19-20상)

답) 분부

> 하나님께서는 한 영혼이 구원받는 일을 온 천하보다 귀하게 여기신다. 그러므로 우리는 모든 족속에게 가서 전도해야 한다.

2. 전도의 사명: 전도의 사명을 이루는 길은 기도다!

"오직 □□이 너희에게 임하시면 너희가 권능을 받고 예루살렘과 온 유대와 사마리아와 땅 끝까지 이르러 내 증인이 되리라 하시니라" (행 1:8)

답) 성령

> "하나님이 전도할 문을 우리에게 열어 주사 그리스도의 비밀을 말하게 하시기를 구하라"(골 4:3). 우리가 전도해야 할 지역은 '온 천하'이다. 예루살렘과 온 유대와 사마리아와 땅 끝이다.

"³⁰형제들아 내가 우리 주 예수 그리스도와 성령의 사랑으로 말미암아 너희를 권하노니 너희 □□에 나와 힘을 같이하여 나를 위하여 하나님께 빌어 ³¹나로 유대에서 순종하지 아니하는 자들로부터 건짐을 받게 하고" (롬 15:30-31상)

답) 기도

> 이것이 당시로는 온 천하였다. 그리고 전도 대상은 '만민'이다. 마 28:19에서는 '모든 민족'이라고 말씀한다. 우리는 하나님의 명령을 수행하기 위해 기도해야 한다.

3. 전도를 위한 기도: 전도를 위한 기도는 하나님의 뜻을 이루는 □□이다.

누구를 위해 기도하는가? 불순종하는 자들을 위해, 영적 지도자를 위해 기도해야 한다. 무엇을 위해 기도하는가? 전도 대상자의 가정과 자녀, 직업, 영적 교제의 회복, 다른 사람과의 화목과 용서, 치유(육체/정신/삶), 경제적인 삶을 위해 기도해야 한다. 영적 지도자를 악으로부터 보호, 사역의 능력, 비전, 물질적 채워짐, 존경받는 인격과 성품, 원만한 인간관계를 위해 기도해야 한다. 기도는 마음에서 흘러나와야 한다. 진정한 기도로 하나님을 만난다면 다른 사람들도 기도로 하나님을 만나게 할 수 있다.

답) 통로

> "내가 너희 가운데 거할 때에 약하고 두려워하고 심히 떨었노라 내 말과 내 전도함이 설득력 있는 지혜의 말로 하지 아니하고 다만 성령의 나타나심과 능력으로 하여 너희 믿음이 사람의 지혜에 있지 아니하고 다만 하나님의 능력에 있게 하려 하였노라" (고전 2:3-5)

전도학습 TIP

전도를 위해서는 다음과 같이 구체적인 기도가 필요하다. ① 불신자를 사랑하는 마음을 가지고 전도하게 하소서. ② 사명감으로 전도하게 하소서. ③ 성령 충만함으로 전도하게 하소서. ④ 겸손하고 친절한 마음으로 전도하게 하소서. ⑤ 인내를 가지고 전도하게 하소서. ⑥ 전도 대상자들의 마음을 옥토와 같이 바꾸어 준비시켜 주소서. ⑦ 부딪치는 고난을 나를 연단시키는 영광으로 알게 하소서. ⑧ 사탄의 방해와 유혹으로부터 승리하게 하소서. (참고출처: 강문호 목사 설교, "전도 전에 기도하여야 하는 5가지 이유", 인터넷 정보 클럽, www.imr.co.kr/2040/no/전도증인/index.htm)

4. 기도란 무엇인가?: 기도는 거룩한 영적 □□이며, 하나님의 능력을 체험하는 □□이다!

기도는 우리가 구할 때 하나님께서 들으시고, 하나님께서 응답하실 때 우리가 듣는 행위다. 기도는 성령의 도우심을 힘입어 예수 그리스도의 이름으로 하나님께 구하는 것이다. 기도는 문제 해결의 실마리가 되어 우리를 더욱 거룩하게 하는 영적 훈련이며 하나님의 능력을 체험하는 통로이다.

답) 훈련, 통로

> "끝으로 형제들아 너희는 우리를 위하여 기도하기를 주의 말씀이 너희 가운데서와 같이 퍼져 나가 영광스럽게 되고 또한 우리를 부당하고 악한 사람들에게서 건지시옵소서 하라 믿음은 모든 사람의 것이 아니니라 주는 미쁘사 너희를 굳건하게 하시고 악한 자에게서 지키시리라" (살후 3:1-3)

5. 하나님의 사랑: 전도는 하나님의 사랑에 대한 반응이다.

"하나님이 세상을 이처럼 □□하사 독생자를 주셨으니 이는 그를 믿는 자마다 멸망하지 않고 □□을 얻게 하려 하심이라" (요 3:16)

답) 사랑, 영생

> 한 영혼을 바라보시며 그 영혼이 악의 길로 가는 것을 진정으로 안타까워하고 슬퍼하시는 주님의 마음을 헤아릴 수 있을 때 진정한 전도를 시작할 수 있다.

"내가 비옵는 것은 이 □□들만 위함이 아니요 또 그들의 말로 말미암아 나를 □□ 사람들도 위함이니" (요 17:20)

답) 사람, 믿는

전도학습 TIP

하나님의 사랑이 있으면 첫째, 불쌍히 여기는 긍휼의 마음을 갖게 된다. 둘째, 상대방을 친절하게 대하는 자비의 마음이 생긴다. 셋째, 자신을 낮추고 상대방을 높이는 겸손의 마음이 생긴다. 넷째, 부드러운 온유한 마음이 생긴다. 다섯째, 아무리 어렵고 힘들어도 인내하면서 오래 참는다. 여섯째, 상대방의 말이나 행동이 내 마음에 안 들어도 너그럽게 받아 준다. 일곱째, 상대방이 지은 잘못의 크기와 상관없이 용서해 준다.

2. 기도로 시작해야 하는 이유

토마스 머튼은 올바른 기도를 드리기 위해 '오직 하나님께만 집중했던 사람'으로 불린다. 그가 말한 '기도의 3단계'는 다음과 같다.[12]

---

12) 헨리 나우웬 저, 김기석 역, 『기도의 사람 토마스 머튼-오직 하나님께만 집중했던 삶』 (서울: 청림출판, 2008), 김장환, "기도의 3단계," 『큐티 365』 (나침반출판사), 재인용.

1단계는 지적으로 회상하는 기도(Reflexive prayer)이다.

자신의 생각과 마음을 돌아보며 솔직하게 기도하는 과정으로, 친구와 대화를 하듯 내가 주체가 되어 생각하며 고백하는 기도이다.

2단계는 마음을 통찰하는 기도(Meditative prayer)이다.

말을 넘어서 마음을 통해 하나님의 뜻을 알고자 온전히 맡기는 한 단계 더 깊은 기도로, 학자들은 주님이 가르쳐 주신 기도와 같다고 한다.

3단계는 나를 비우고 하나님을 바라보려고 노력하는 기도(Contemplative prayer)이다.

자신을 내려놓고 하나님의 뜻을 온전히 구하며 맡기는 정말 경건한 태도의 기도이다. 이는 모든 것을 아버지께 맡긴 아이와 같은 심정으로 드리는 기도인데, 감람산에서 예수님이 하신 기도와 같다고 한다.

신앙의 단계에 맞는 기도가 있지만 하나님께서는 모든 기도에 응답해 주신다. 그러나 나를 넘어서 하나님과 하나님의 뜻을 구하는 기도를 드리고자 하는 더 큰 믿음이 필요하다.

전도학습 TIP

하나님께서는 자신에게 올려진 모든 기도에 응답하신다. 즉시 응답받는 기도뿐만 아니라 때에 따라 다른 방법으로 "아니야." 또는 "기다려."라고 하시는 경우도 응답이다. 그러나 때로 우리는 기도의 간구가 허락되지 않으면, '응답받지 못한 기도'라고 여긴다. 하나님께서는 그분의 뜻에 따라 간구할 때만 기도를 들어주신다고 약속하신다. 이것이 우리가 하나님께 나아가며 가지는 확신이다. "그를 향하여 우리가 가진 바 담대함이 이것이니 그의 뜻대로 무엇을 구하면 들으심이라 우리가 무엇이든지 구하는 바를 들으시는 줄을 안즉 우리가 그에게 구한 그것을 얻은 줄을 또한 아느니라"(요일 5:14-15).

1. 기도는 : 나의 뜻을 하나님의 뜻에 맞추는 것이다.

① 하나님과의 영적인 □□이다. (신 4:7)

② 영혼의 □□이다. (살전 5:17)

③ 하나님의 □에 내 뜻을 맞추는 것이다. (요일 5:14)

답) 대화, 호흡, 뜻

> 기도의 가장 기본적인 정의는 "하나님과 대화하는 것"이다. 기도는 하나님께 직접적으로 말하는 것이고, 창조주 하나님과 인간이 소통하는 것이다.

2. 어떤 상황에서도 : 항상 기도에 힘써야 한다!

"⁶아무 것도 염려하지 말고 다만 모든 일에 □□와 □□로, 너희 구할 것을 감사함으로 하나님께 아뢰라 ⁷그리하면 모든 지각에 뛰어난 하나님의 평강이 그리스도 예수 안에서 너희 □□과 □□을 지키시리라" (빌 4:6-7)

답) 기도, 간구, 마음, 생각

> 염려를 해결하기 위해 사도 바울은 "너희 구할 것을 감사함으로 하나님께 아뢰라"라고 말하며, 감사하는 기도를 점검하라고 권면한다. 염려는 우리를 괴롭게 하고 상황의 노예로 만들지만, 감사는 우리를 하나님 안으로 이끄는 능력이 있다. 감사는 하나님께 속한 것으로 하나님 안에 들어가게 되는 것이다. 삶에 걱정 근심이 찾아올 때, 감사할 수 있는 것을 찾아 기도의 자리로 나아가야 한다. 그러면 하나님의 평강이 임하게 된다. 그러므로 전도의 문이 열리도록 매일 기도가 삶이 되어야 한다.

"기도를 계속하고 □□에 감사함으로 깨어 있으라" (골 4:2)

답) 기도

3. 매일 기도하라! : 문이 열리길 매일 기도해야 한다!

"²기도를 계속하고 □□에 감사함으로 깨어 있으라 ³또한 우리를 위하여 □□하되 하나님이 □□할 문을 우리에게 열어 주사 그리스도의 비밀을 말하게 하시기를 구하라 내가 이 일 때문에 □□을 당하였노라" (골 4:2-3)

답) 기도, 기도, 전도, 매임

"⁴그리하면 내가 마땅히 할 말로써 이 비밀을 나타내리라 ⁵외인에게 대해서는 지혜로 행하여 □□을 아끼라 ⁶너희 말을 항상 은혜 가운데서 □□으로 맛을 냄과 같이 하라 그리하면 각 사람에게 마땅히 대답할 것을 알리라" (골 4:4-6)

답) 세월, 소금

전도학습 TIP

1998년 미국 듀크 대학병원의 해롤드 쾨니히와 데이비드 라슨이라는 두 의사는 매일 감사하며 사는 사람들은 그렇지 않은 사람들보다 평균 7년을 더 오래 산다는 연구 결과를 발표했다. 존 헨리 박사도 "감사는 최고의 항암제요 해독제요 방부제이다."라고 말했다. 감기약보다 더 대단한 효능을 가진 것이 감사약이다. 기뻐하고 감사하는 것이 신체의 면역 체계를 강화시켜 준다는 것이다. 1분간 기뻐하며 웃고 감사하면 신체에 24시간 동안 면역체가 생기지만, 1분간 화를 내면 6시간 동안 면역 체계가 약화된다고 한다. 그러므로 매일 기뻐하고 감사하며 살아가는 것이 몸과 마음의 건강을 잘 유지하는 비결이라 할 수 있다.

4. 기도의 실천

① 결단하기

"그가 내게 이르되 다니엘아 두려워하지 말라 네가 깨달으려 하여 네 하나님 앞에 스스로 겸비하게 하기로 □□하던 첫날부터 네 말이 □□ 받았으므로 내가 네 말로 말미암아 왔느니라" (단 10:12)

답) 결심, 응답

> 하나님께서 보여 주신 예언의 말씀들을 이해하기 위해 자기 자신을 굴복시키고 겸손하게 하나님께 도움을 구한다.

② 말씀 의지하기

"이러므로 우리가 하나님께 끊임없이 감사함은 너희가 우리에게 들은 바 하나님의 □□을 받을 때에 사람의 말로 받지 아니하고 하나님의 □□으로 받음이니 진실로 그러하도다 이 □□이 또한 너희 믿는 자 가운데에서 역사하느니라" (살전 2:13)

답) 말씀, 말씀, 말씀

> 하나님의 말씀은 진정으로 믿고 받아들여 순종하는 사람을 구원하고, 삶을 변화시키는 역사가 있다.

③ 시간과 장소 정하기

"제 □ 시 기도 시간에 베드로와 요한이 □□에 올라갈새" (행 3:1)

답) 구, 성전

'올라갈새'는 계속 진행되는 동작이나 습관적인 동작을 뜻한다. 사도들은 습관적으로 성전에 기도하러 올라갔다.

④ 중보적 기도

"두세 사람이 내 이름으로 □□ 곳에는 나도 그들 중에 있느니라" (마 18:20)

답) 모인

적은 사람들이 모인 곳이라고 할지라도 주님께서 함께하시겠다는 약속의 표현이다.

5. 기도의 대상

① 전도 대상자

"너희가 알 것은 □□을 미혹된 길에서 돌아서게 하는 자가 그의 □□을 사망에서 구원할 것이며 허다한 □를 덮을 것임이라" (약 5:20)

답) 죄인, 영혼, 죄

신앙생활을 하다가 낙심하거나 교회를 떠난 교우를 돌아서게 하는 것이야말로 최고의 사랑이요, 또한 가장 중요한 의무이다.

② 영적 지도자

"하나님의 말씀을 너희에게 일러 주고 너희를 □□하던 자들을 생각하며 그들의 행실의 결말을 주의하여 보고 그들의 □□을 본받으라" (히 13:7)

답) 인도, 믿음

믿음의 선배들과 영적 지도자들의 행실을 생각하고, 주의하여 보고, 본받을 필요가 있다.

③ 치유와 회복

"하나님 아버지 앞에서 정결하고 더러움이 없는 □□은 곧 고아와 과부를 그 환난중에 돌보고 또 자기를 지켜 □□에 물들지 아니하는 그것이니라" (약 1:27)

답) 경건, 세속

> 하나님 사랑, 이웃 사랑으로 말씀에 순종하고 행동으로 믿음을 보이는 것이 참된 경건이다.

④ 교회

"²¹그의 안에서 건물마다 서로 연결하여 주 안에서 □□이 되어 가고 ²²너희도 □□ 안에서 하나님이 거하실 처소가 되기 위하여 그리스도 □□ 안에서 함께 지어져 가느니라" (엡 2:21-22)

답) 성전, 성령, 예수

> 주님의 몸 된 교회는 성령이 임재하는 거룩한 성전으로 예수님이 교회의 머리가 되신다.

6. 전도를 위한 기도 : 전도에 기도가 수반되어야 하는 5가지 이유[13]

① 전도는 영적 □□이다.

우리는 공중 권세 잡은 자를 좇는 자들과, 이 세상 신에게 미혹되어 흑암의 권세 아래 있는 자, 마귀의 올무에 사로잡힌 자, 사탄의 권세 아래 있는 자에게 다가간다. 우리가 복음을 가지고 나아갈 때 공격받을 것을 예상할 수 있다. 이를 위해 기도가 필요하다.

답) 싸움

② 전도를 위한 기도는 눈먼 □□을 열 수 있다.

우리의 힘으로는 불신자의 마음을 바꿀 수 없다. 우리는 씨를 뿌리고 물을 주지만 자라게 하시는 분은 하나님이시다(고전 3:7). 그분만이 마음을 변화시키시고 흑암의 권세에서 그분의 아들의 나라로 옮기신다(골 1:13-14). 우리는 불신자의 마음을 변화시켜 달라고 하나님께 기도로 간구해야 한다.

답) 마음

---

[13] Chuck Lawless, "5 reasons why prayer must accompany evangelism," Church Answers. 이미경 기자, "전도에 기도가 수반되어야 하는 5가지 이유,"『기독일보』(2023. 5. 1.) (https://www.christiandaily.co.kr/news/124740) 2024년 11월 접속.

③ 전도는 좀처럼 □□ 않다.

사도 바울도 담대하고 분명하게 복음을 전하기 위해 다른 사람들의 기도가 필요했다(엡 6:18-20). 기도는 하나님의 능력 없이는 전도할 수 없음을 인정하고, 우리의 무능력을 겸손히 고백하는 것이다.

답) 쉽지

④ 전도를 위한 기도는 하나님이 □□하다는 고백이다.

전도를 위한 기도는 다른 사람들이 하나님을 알게 되기를 바라는 외침이며, 그들의 삶을 변화시키기 위해서는 하나님이 필요하다는 고백이다. 불신자들을 위한 진지하고 진심어린 기도는 하나님의 구속사역에 대해 우리가 가지는 부담의 깊이와 간절함을 표현한다.

답) 필요

⑤ 진정한 기도는 □□하도록 우리를 강권한다.

우리가 기도를 통해 진정으로 하나님을 만난다면, 자연스럽게 다른 사람들도 기도를 통해 하나님을 만나기를 원하게 될 것이다.

답) 실천

전도학습 TIP

미국 사우스이스턴 신학대학원 선교학 교수인 척 로리스(Chuck Lawless) 목사는 이렇게 말했다. "오늘날 고려해야 할 전통적인 교회 성장 아이디어 7가지 중, 기도의 사슬(Prayer Chain)이라는 아이디어가 있다. 기도가 필요한 누군가가 기도를 요청하는 전화를 하면, 리더는 다음 목록에 있는 기도 용사에게 전화를 한다. 그리고 그 사람은 또 다음 사람에게 전화를 건다. 오늘날 우리는 필요를 알게 되는 즉시(대부분 전자적 수단으로) 기도할 준비가 된 교인과 그룹을 쉽게 모집할 수 있다."

[나눔 및 적용]

1. 조별 나눔

① 전도를 위해 기도할 때 무엇을 기도해야 하는가? (나의 경험과 비교해서)

② 전도할 때 기도로 시작해야 하는 이유는 무엇인가? (나의 경험과 비교해서)

③ 기도의 실천 4가지는 무엇인가?

2. 적용하기

① 전도 및 전도 대상자를 적는다.
② 전도 대상자를 위한 기도 장소 및 시간을 계획한다.
③ 전도 대상자를 위한 중보적 기도 사역을 함께 실시한다.

3. 기도하기

① 전도의 모든 실천을 기도로 이루어 가게 하소서.
② 기도할 때 전도할 수 있는 마음을 열어 주소서.
③ 전도 대상자를 위해 기도할 때 그가 마음을 열어 복음을 받아들이게 하소서.

전도학습 TIP

1. 조별 나눔은 그동안 배운 것을 반복학습 형식으로 기억하며, 학습내용에 대한 자신의 생각을 나눈다.
2. 적용하기는 학습내용에 대한 질문을 통해서 자신을 성찰하고, 문제상황을 파악한다.
3. 기도하기는 학습내용을 바탕으로 함께 기도제목을 나눈다.

주간 전도과제

1. 전도유형

전도방법	☐ 개인	☐ 그룹(2인 이상)
참석자		

2. 전도실천

전도대상	☐ 자주 교제하거나 연락하는 사이 ☐ 가끔 교제하는 사람 ☐ 안면 있는 사람 ☐ 이웃 또는 직장동료 ☐ 불신자 가족 또는 지인 ☐ 기타 ( )
기도하기	☐ 하루 10분 ☐ 하루 30분 ☐ 하루 1시간 이상 ■ 한 주간 총 기도시간 = 시간 분
전화(SNS) 연락	☐ 1명 ☐ 2명 ☐ 3명 이상 ☐ 단체 문자 또는 카톡방(10명 이상) ☐ 한 주간 ( )명
전도하기	<table><tr><th>주일</th><th>월</th><th>화</th><th>수</th><th>목</th><th>금</th><th>토</th></tr><tr><td></td><td></td><td></td><td></td><td></td><td></td><td></td></tr></table>
사랑나눔	▶베푸는 사랑(음식, 선물, 축하, 섬김 등) ▶띄우는 사랑(전도지, 편지, 문자 등) ▶만나는 사랑(식사, 취미활동<운동, 여행 등>, 장보기, 영화관람 등)

3. 전도 대상자

순번	이름	성별		연락처	주소(거주지역)	재방문	등록
		남	여				
1							
2							
3							
4							
5							
6							
7							
8							
9							
10							

04 전도의 내용과 방법

1. 전도의 기초
2. 전도의 내용
3. 다양한 전도방법

"세상을 그리스도께로 전도한다는 것은
곧 개개인을 가르침과 교제를 통해 그리스도께로
인도하는 것을 말한다."

마틴 루터

11월 무렵, 교회 전도대가 인근 공원에서 붕어빵 전도를 시작했습니다. 어린이나 청소년에게는 그냥 나눠 줍니다. 외상도 합니다. 그런데 난리가 났습니다. 사람들이 끊임없이 줄을 서고 매번 완판 사례를 기록했습니다. 수요일만 기다린다는 분도 계십니다. 웬일인가 했더니 붕어빵 파는 곳을 찾기 힘들다는 것이었습니다.

신문 보도를 보니 지난해 국민의 '최애' 겨울 간식이 붕어빵이었다고 합니다. 파는 곳이 없는데 가장 좋아한다는 게 이해가 되지 않았습니다. 곰곰이 생각해 보니 어쩌면 가장 먹고 싶은 마음의 표현이라는 결론에 다다랐습니다. 그러다가 정식으로 가게 이름을 붙였습니다. '익투스 빵집'입니다. 익투스는 물고기라는 뜻인데, 초대교회가 박해받을 때 서로 교인임을 알리는 암호로 사용됐습니다. 붕어빵만이 아니라 번데기도, 달고나도 팔겠다는 꿈을 꾸고 있습니다. 익투스 빵집은 이제 주민들의 추억 식당이 되고 있습니다. 교회가 시민의 사랑을 받으니 참 좋습니다.[14]

---

14) 『국민일보』, "[겨자씨] 익투스 빵집"(2023. 3. 15), https://www.kmib.co.kr/article/view.asp?arcid=0924291601, 2024년 11월 접속.

디자인 씽킹(Design Thinking)

1단계 : 지문 읽기
집중하기
속독하기

2단계 : 공감하기
불편함(부담감) 찾기
문제 파악(이해하기)
현재 상황(인식하기)

3단계 : 경청하기
팀원과 나누기
불편함 정의하기
해결방법 모색하기

4단계 : 아이디어
아이디어 구상하기
키워드 디자인하기
좋은 방법 제안하기

> **전도학습 TIP**
>
> 익투스 빵집은 단순히 붕어빵을 파는 곳을 넘어 주민들의 추억 식당이 되었다. 이 이야기를 통해 교회가 어떻게 이웃의 사랑을 받는 장소로 변화될 수 있는지 함께 나눈다. 또한 우연히 시작된 작은 아이디어가 사람들의 반응을 통해 발전된 것처럼 교회가 작은 변화와 아이디어를 통해 이웃들에게 긍정적인 영향을 미치며 사랑받는 존재가 될 수 있는 방법이 무엇인지 나눈다. 그리고 우리 주변의 잘되는 가게나 상점을 직접 찾아가 그 성공 요인이 무엇인지 살펴보고, 교회가 적용하고 실천할 수 있는 점이 무엇인지 함께 아이디어를 나눈다.

1. 전도의 기초

1. 구원이란? : 인간의 전체를 온전히 회복시키는 전인적 구원이다!

① 인간에 대한 성경적인 정의

'인간은 영적 존재로서 혼(지, 정, 의)을 가지고 육체 안에서 산다'는 것이다. 세 본성인 영, 혼, 육은 나누어져 있지 않고 서로 긴밀하게 연결되어 상호 간에 영향을 주고 있다.

② 전인적 영역

세 영역(영, 혼, 육)이 모두 회복됨으로써 영혼과 육체가 건강해지고, 성령께서 온전히 거하실 수 있는 거룩한 성전이 되도록 돕는 것을 뜻한다.

③ 전인적 구원

죄와 사망의 세력에 의해 억압당하고 있는 인간의 영(spirit)과 혼(soul)과 육체(body) 전체를 온전히 회복시키시는 것을 말한다.

"평강의 하나님이 친히 너희를 온전히 거룩하게 하시고 또 너희의 온 □과 □과 □이 우리 주 예수 그리스도께서 강림하실 때에 흠 없게 보전되기를 원하노라" (살전 5:23)

답) 영, 혼, 몸

"사랑하는 자여 네 영혼이 잘됨 같이 네가 범사에 잘되고 강건하기를 내가 간구하노라" (요삼 1:2)

> 전인적 구원은 인간성의 본질인 인격과 성품과도 직결되어 있다. 구원은 타락한 인간의 하나님 형상(Imago Dei)을 회복하는 것이다. 또한 구원은 하나님 나라의 관점에서 이해되어야 한다. 하나님의 구원 계획은 인간 개개인을 구원하여, 그들로 하여금 하나님의 창조세계가 온전히 구원되게 하려는 전 우주적인 구원 계획이라 할 수 있다.

④ 구원은 하나님께서 창세 전에 □□하신 사건이다.

"⁴곧 창세 전에 그리스도 안에서 우리를 택하사 우리로 사랑 안에서 그 앞에 거룩하고 흠이 없게 하시려고 ⁵그 기쁘신 뜻대로 우리를 예정하사 예수 그리스도로 말미암아 자기의 아들들이 되게 하셨으니 ⁶이는 그가 사랑하시는 자 안에서 우리에게 거저 주시는 바 그의 은혜의 영광을 찬송하게 하려는 것이라" (엡 1:4-6)

답) 예정

⑤ 구원은 예수 그리스도 안에서 예정된 하나님의 □□이다.

"너희는 그 은혜에 의하여 믿음으로 말미암아 구원을 받았으니 이것은 너희에게서 난 것이 아니요 하나님의 선물이라" (엡 2:8)

답) 선물

> 인간이 스스로의 생명을 창조할 수 없듯이, 인간 스스로 구원할 수 없다.

⑥ 구원은 예수 그리스도 안에서 영원한 □□을 얻는 것이다.

"하나님이 세상을 이처럼 사랑하사 독생자를 주셨으니 이는 그를 믿는 자마다 멸망하지 않고 영생을 얻게 하려 하심이라" (요 3:16)

답) 생명

⑦ 인간은 스스로 □□할 수 없다!

"다른 이로써는 구원을 받을 수 없나니 천하 사람 중에 구원을 받을 만한 다른 이름을 우리에게 주신 일이 없음이라 하였더라" (행 4:12)

"그리스도 예수 안에 있는 속량으로 말미암아 하나님의 은혜로 값 없이 의롭다 하심을 얻은 자 되었느니라" (롬 3:24)

"하나님의 지혜에 있어서는 이 세상이 자기 지혜로 하나님을 알지 못하므로 하나님께서 전도의 미련한 것으로 믿는 자들을 구원하시기를 기뻐하셨도다" (고전 1:21)

답) 구원

> 구원은 인간의 힘이나 방법이 아니라, 인간을 창조하신 하나님이 하시는 것이다.

전도학습 TIP

성경은 예수님을 통해서 얻는 구원 외에는 다른 길이 없다고 말한다. 예수님도 요한복음 14장 6절에서 "내가 곧 길이요 진리요 생명이니 나로 말미암지 않고는 아버지께로 올 자가 없느니라"라고 말씀하신다. 예수님은 많은 길들 중에 하나의 길이 아니라 유일하고 하나뿐인 길이시다. 그 누구도 예수님을 통하지 않고서는 하나님 아버지께 나아갈 수 없다.

2. 구원의 증거 : 하나님에 대한 지식과 믿음에 따라 삶으로 나타난다!

① 외적인 증거는 □□의 증거를 말한다.

"³⁰예수께서 제자들 앞에서 이 책에 기록되지 아니한 다른 표적도 많이 행하셨으나 ³¹오직 이것을 기록함은 너희로 예수께서 하나님의 아들 그리스도이심을 믿게 하려 함이요 또 너희로

믿고 그 이름을 힘입어 생명을 얻게 하려 함이니라" (요 20:30-31)

답) 성경

② 내적인 증거는 □□의 증거를 말한다.

"¹⁵너희는 다시 무서워하는 종의 영을 받지 아니하고 양자의 영을 받았으므로 우리가 아빠 아버지라고 부르짖느니라 ¹⁶성령이 친히 우리의 영과 더불어 우리가 하나님의 자녀인 것을 증언하시나니 ¹⁷자녀이면 또한 상속자 곧 하나님의 상속자요 그리스도와 함께 한 상속자니 우리가 그와 함께 영광을 받기 위하여 고난도 함께 받아야 할 것이니라" (롬 8:15-17)

답) 성령

③ 구원의 증거는 성령의 □□를 맺는다.

"²²오직 성령의 열매는 사랑과 희락과 화평과 오래 참음과 자비와 양선과 충성과 ²³온유와 절제니 이같은 것을 금지할 법이 없느니라 ²⁴그리스도 예수의 사람들은 육체와 함께 그 정욕과 탐심을 십자가에 못 박았느니라 ²⁵만일 우리가 성령으로 살면 또한 성령으로 행할지니 ²⁶헛된 영광을 구하여 서로 노엽게 하거나 서로 투기하지 말지니라" (갈 5:22-26)

답) 열매

> 구원의 증거는 첫째, 성경의 증거 또는 외적인 증거이다. 둘째, 성령의 내적인 증거이다. 성령으로 하나님을 아빠 아버지라고 부를 수 있다. 셋째, 성령의 열매이다. 성령의 열매는 아홉 가지로 명시되어 있으며 하나님에 대한 지식과 믿음에 따른 삶의 변화로 나타난다.

3. 성령의 역사 : 성령께서는 인간을 전인적으로 구원하기 원하신다!

① 구원의 역사는 인간의 구성 요소인 영, 혼, 육에 개별적으로 이루어지는 것이 아니라 전체적으로 임하는 것이다. 전인적 구원의 역사는 인간이 예수 그리스도의 은혜로 거듭나는 순간부터 성령의 능력에 의해서 이루어진다.

"⁴내 말과 내 전도함이 설득력 있는 지혜의 말로 하지 아니하고 다만 성령의 나타나심과 능력으로 하여 ⁵너희 믿음이 사람의 지혜에 있지 아니하고 다만 하나님의 능력에 있게 하려 하였노라" (고전 2:4-5)

② 하나님께서 원하신 구원은 영혼만 구원도 아니요, 육체만 구원도 아니요, 영육의 구원이다. 배고픈 자에게 빵을 주고, 복음을 듣지 못한 자들에게 복음을 전하여 구원에 이르게 하는 것이다. 구원을 받는 순간 가장 뚜렷하게 확인할 수 있는 것은 영혼의 해방이다. 이것은 성령의 역사를 통해 자신의 죄를 깨닫고 회개하여 죄와 사망의 법으로부터 벗어나 하나님의 자녀로서의 권세를 회복하고 성령 안에서 자유를 누리는 것이다.

"그러므로 이제 그리스도 예수 안에 있는 자에게는 결코 정죄함이 없나니 ²이는 그리스도 예수 안에 있는 생명의 성령의 법이 죄와 사망의 법에서 너를 해방하였음이라" (롬 8:1-2)

> 2장 '전도와 성령'을 참고하면 성령의 역할을 이해할 수 있다.

4. 구원의 확신 점검 : 구원의 확신에 대한 4가지 부류

첫 번째, 실제로 구원받지 않았고, 자신도 구원받지 않았다고 생각하는 부류.
두 번째, 은혜의 상태에 있으나 구원을 확신하지 못하는 부류.
세 번째, 실제로 은혜의 상태에 있고 구원의 확신도 충만한 부류.
네 번째, 실제로는 구원을 받지 않았으나 자신이 구원받았다고 생각하는 부류.

구원의 확신이란, 그리스도를 구주로 고백하는 자들이 구원받았다는 사실을 확실히 믿는 것을 말한다. 하나님께서는 믿는 자들이 구원에 대한 확신을 갖기를 원하신다는 것을 말씀을 통해 가르쳐 주셨다. 구원의 확신에 대한 근거는 하나님의 말씀인 성경에 있으며, 구원의 확신도 성경말씀에 근거하고 있다.

"내가 진실로 진실로 너희에게 이르노니 내 말을 듣고 또 나 보내신 이를 믿는 자는 □□을 얻었고 심판에 이르지 아니하나니 사망에서 □□으로 옮겼느니라" (요 5:24)

답) 영생, 생명

"그러므로 믿음은 들음에서 나며 들음은 그리스도의 □□으로 말미암았느니라" (롬 10:17)

답) 말씀

"너희가 거듭난 것은 썩어질 씨로 된 것이 아니요 썩지 아니할 씨로 된 것이니 살아 있고 항상 있는 하나님의 □□으로 되었느니라" (벧전 1:23)

답) 말씀

5. 자신에 대한 점검 : 구원의 확신을 위한 질문

구원의 확신에 대해 의심한다면 다음과 같은 질문으로 스스로를 점검할 수 있다.

"당신의 삶에서 죄를 깨달은 적이 있는가?"
예□   아니오□

"당신은 하늘에 대한 소망을 가지고 있는가?"
예□   아니오□

"당신은 그리스도를 영접했는가?"
예□   아니오□

"당신은 하나님의 자녀임을 확신하는가?"
예□   아니오□

우리 기독교인들이 전도할 때 무엇을 전해야 하는지, 또 무엇을 전해야 사람들이 반응하는지 묻는다면 당연히 예수다. 죄에서 구원받고 영원한 생명을 얻을 방법인 예수를 전해야 한다. 또 예수 이름을 말할 때, 전도하는 그 상황 속에서 하나님이 역사하신다.

하지만 현실에서는 전도한다고 하면서 예수를 전하지 않는다. 교회나 목회자를 소개하는 데 급급하다. 한 예로 노방 전도를 한다면서 교회 주보를 나눠주는데 예수도 없고 복음도 없다. 교회 소개와 예배 시간 등이 있을 뿐이다. 전도를 목적으로 만든 전도지조차 교회를 알리기 바쁘다. 여러 교회가 사용할 수 있도록 만들어진 전도지의 경우, 사용하는 교회의 연락처가 전도지 한쪽에 인쇄돼 있거나 도장으로 찍혀 있을 뿐이다.

전도는 사람들을 교회로 데려오는 게 아니다. 내가 잘못 아는 게 아니라면 그렇다. 따라서 전도가, 전도지가 교회를 소개하는 데 그쳐서는 안 된다. 우리 교회로 오라는 메시지여서는 안 된다.[15]

---

15) 전병선 미션영상부장, 『국민일보』, 『The Mission 더미션』, "[빛과 소금] 전도한다고 교회 자랑하지 마라,"(2023. 7. 8), https://www.themission.co.kr/news/articleView.html?idxno=64992, 2024년 11월 접속.

> **전도학습 TIP**
>
> 전도 실패자의 특징 ① 기도와 성령의 역사를 무시함 ② 해보기도 전에 '나는 안 된다'는 생각을 함 ③ 적당히 시간 날 때만 해보겠다는 반쪽 마음가짐으로 전도함 ④ 사명감이 없이 억지로 전도함 ⑤ 방문 공포증과 체면, 부끄러움을 극복하지 못함 ⑥ 소심하고 열등감을 갖고 있음 ⑦ 은사가 없다고 생각함 ⑧ 베푸는 수고와 헌신이 없이 편하게 전도하려고 함 ⑨ 교회에 대한 불만을 갖고 전도함

2. 전도의 내용

1. 전도의 내용 : 예수님을 구주로 믿는다는 것은 무엇을 의미할까?

"¹형제들아 내가 너희에게 전한 복음을 너희에게 알게 하노니 이는 너희가 받은 것이요 또 그 가운데 선 것이라 ²너희가 만일 내가 전한 그 말을 굳게 지키고 헛되이 믿지 아니하였으면 그로 말미암아 구원을 받으리라 ³내가 받은 것을 먼저 너희에게 전하였노니 이는 성경대로 그리스도께서 우리 죄를 위하여 죽으시고 ⁴장사 지낸 바 되셨다가 성경대로 사흘 만에 다시 살아나사" (고전 15:1-4)

> 예수님을 구주로 믿는다는 것은 무엇을 의미할까? 사도 바울은 고린도 교회에 보낸 편지를 통하여 다음과 같이 복음을 4가지로 요약한다.

복음의 4가지 사건

① 첫째, 예수님은 우리의 □를 위하여 죽으셨다. / 죄

② 둘째, 예수님은 하나님의 □□이시다. / 아들

③ 셋째, 예수님은 우리를 위해 십자가에서 죽으시고, 삼 일 만에 □□하셨다. / 부활

④ 넷째, 예수님은 오직 □□을 선물로 주셨다. / 믿음

2. 우리가 전할 복음 : 복음은 구원을 주시는 하나님의 능력이다!

① 복음은 "하나님의 능력"이다.

전도는 전적인 하나님의 역사이다. 그 대상은 "모든 믿는 자", "유대인"과 "헬라인"을 포함한

모든 사람으로서 복음의 핵심 내용은 "하나님의 의가 믿음으로 말미암아 우리에게 주어졌다"는 것이다.

"¹⁶내가 복음을 부끄러워하지 아니하노니 이 복음은 모든 믿는 자에게 구원을 주시는 하나님의 능력이 됨이라 먼저는 유대인에게요 그리고 헬라인에게로다 ¹⁷복음에는 하나님의 의가 나타나서 믿음으로 믿음에 이르게 하나니 기록된 바 오직 의인은 믿음으로 말미암아 살리라 함과 같으니라" (롬 1:16-17)

② 복음의 핵심 내용 3가지

첫째, 하나님이 복음이다. 우리의 전도 대상은 하나님을 부정하거나 부인하는 자들이다. 영생은 유일하신 참 하나님을 아는 것이다(요 17:3). 이 복음에는 반드시 하나님을 바르게 소개하는 내용이 포함되어야 한다.

둘째, 죄는 하나님에게서 떠나는 것이다. 법 없이도 살 것 같은 사람에게 복음을 전해야 할 때가 있다. 그래서 사도 바울처럼 죄의 뿌리를 알려 주어야 한다. 죄는 겉으로 드러나는 온갖 더러운 행위나 그에 관련된 생각이 아니라 하나님을 부정하고 그의 다스림을 거부하는 것에서 시작된다.

셋째, 예수 그리스도를 믿음으로 구원을 얻는다. 구원은 오직 예수 그리스도를 믿음으로 말미암아 하나님께서 믿는 자에게 베푸신 은혜이다. 그래서 구원받은 자는 오직 하나님께만 영광을 돌리는 삶을 사는 것이다.

3. 전도의 4단계 : 예수님의 전도 4단계

예수님의 전도는 시작에서 마무리까지 자연스럽게 진행된다. 그 과정을 4단계로 구분할 수 있다.

① 만남

전도할 때 무조건 예수를 믿으라고 할 수 없다. 전도 대상자와의 만남을 통해 그 사람이 어떤 사람이며, 영적으로 복음 제시가 필요한지 아닌지를 진단해야 한다. 대상자가 불신자이면 복음을 전하고, 이미 복음을 아는 사람이면 복음 제시 단계를 건너뛸 수 있다.

② 복음 제시

진단한 결과 예수님을 알지 못하는 사람이라면 복음의 핵심 내용을 전해야 한다.

③ 결신

전도 대상자가 복음을 받아들이고, 예수님을 믿기 원하면 그때 결신 단계로 들어간다. 전도 대상자가 예수 그리스도를 영접할 수 있도록 질문과 영접기도를 통해 기회를 제공한다.

④ 돌봄

결신 단계가 끝나면 영적 부모가 되어 결신자를 양육해야 한다. 어떤 사람이 당신을 통해 예수 그리스도를 알고 믿게 되었다면, 그 사람과 영적 가족이 되어 예수님의 사랑으로 돌보며 스스로 신앙생활을 할 수 있도록 돕는 영적 부모로서의 역할을 감당해야 한다.

4. 전도자의 자세 : 종-사-자(종, 장사꾼, 경주자)의 자세

① □의 자세

"¹⁸그런즉 내 상이 무엇이냐 내가 복음을 전할 때에 값없이 전하고 복음으로 말미암아 내게 있는 권리를 다 쓰지 아니하는 이것이로다 ¹⁹내가 모든 사람에게서 자유로우나 스스로 모든 사람에게 □이 된 것은 더 많은 사람을 얻고자 함이라" (고전 9:18-19)

답) 종, 종

② □□□의 자세

"²⁰유대인들에게 내가 유대인과 같이 된 것은 유대인들을 □□□ 함이요 율법 아래에 있는 자들에게는 내가 율법 아래에 있지 아니하나 율법 아래에 있는 자 같이 된 것은 율법 아래에 있는 자들을 □□□ 함이요 ²¹율법 없는 자에게는 내가 하나님께는 율법 없는 자가 아니요 도리어 그리스도의 율법 아래에 있는 자이나 율법 없는 자와 같이 된 것은 율법 없는 자들을 □□□ 함이라" (고전 9:20-21)

답) 장사꾼, 얻고자, 얻고자, 얻고자

③ □□□의 자세

"²⁴운동장에서 □□□하는 자들이 다 달릴지라도 오직 상을 받는 사람은 한 사람인 줄을 너희가 알지 못하느냐 너희도 상을 받도록 이와 같이 □□□하라 ²⁵이기기를 다투는 자마다 모든 일에 □□하나니 그들은 썩을 승리자의 관을 얻고자 하되 우리는 썩지 아니할 것을 얻고자 하노라" (고전 9:24-25)

답) 경주자, 달음질, 달음질, 절제

> <사도 바울이 말한 전도자의 자세>
> ① 종의 자세: 내 것을 내 것이라 주장하지 않고 다른 사람들을 위해서 사랑으로 포기할 수 있는 자세
> ② 장사꾼의 자세: 어떤 사람에게도 맞춰 줄 수 있는 마음 자세
> ③ 경주자의 자세: 자기 자신을 절제하고 인내하는 자세

전도학습 TIP

우리 모두는 전도자이다. 전도는 선택과목이 아니다. 장차 하나님 앞에 섰을 때 하나님께서 물으실 것은 "세상에 있으면서 온 천하보다 귀한 영혼을 위해서 무엇을 하였느냐?"일 것이다. 무엇보다 섬기면서 권리를 포기할 줄 아는 종의 자세, 그리고 다른 사람을 존중하고 눈높이를 맞추는 장사꾼의 자세, 그리고 자신을 절제하며 인내하는 경주자의 자세를 갖추어야 한다.

3. 다양한 전도방법

1. 하나님의 사랑 이야기(The God's Love Story)

전도학습 TIP

'사랑 이야기'는 1994년 총회전도학교를 실시하면서 시대에 맞는 다양한 전도방법을 연구하고, 2008년 『개인전도훈련교재』를 개정하여 출간하였다.
개인전도용교재의 전도방법으로 『하나님의 사랑 이야기』라는 전도지를 개발하여 사용하였다.

① 전도지의 구성

'사랑 이야기'는 일반 성도들이 알고 있는 복음의 확신을 가지고 언제, 어디서든지 다양한 방법(그림, 손가락, 상담)으로 복음을 전달할 수 있는 도구이다. 하나님에 대하여, 사람에 대하여, 죄에 대하여, 예수님에 대하여, 믿음에 대하여 나누는 대화를 통해 구원으로 초청한다.

② 전도지의 사용설명서

1) 전도자가 먼저 복음을 쉽게 이해하고 확신에 근거하여 자신감을 가지고 이웃에게 전달 후, 구원의 초청과 함께 교회로 인도한다.
2) 하나님의 사랑에서 떨어진 영혼이 중보자이신 그리스도를 믿음으로 하나님의 사랑을 회복하고, 풍성한 삶을 누리는 길을 강조하여 보여 준다.
3) 전도자는 전체 내용을 한눈에 담을 수 있도록 전달할 복음을 시각화한다.

도입	핵심 주제	적용 성구	결단
분위기에 따라 간단한 도입(질문)	하나님 사람 죄 그리스도 믿음	요 3:16 롬 3:23 히 9:27 요 14:6 요 1:12	계 3:20 영접기도 후 하나님의 자녀들의 축복 (자기 간증)

<'하나님의 사랑 이야기' 전도지 >

□ 전도지

하나님의 사랑 이야기 사용법
(The Love Story)

"하나님의 사랑 이야기"는 전도를 하고자 하는 사람이 가능한 복음을 쉽게 이해하며 이웃에게 전도하고 교회로 인도하게 하는 것이다. 이 전도법은 하나님의 사랑을 알게 하여 하나님과 사람과의 관계를 예수 그리스도를 통해 바르게 하는 것을 강조하고 있다. 이 전도법은 복음의 3부분(뼈대, 살, 힘살)으로 쉽게 이해를 증진시킨다.

1. 전도지의 구성

우리 주변에 복음을 전달하는 다양하고 훌륭한 전도지들이 많이 있다. 대부분의 전도지들이 학생들이나 젊은층에게 쉽게 이해하도록 만들어졌다. 일반 성도들에겐 그러한 전도지보다 신앙의 경륜을 통해 이미 알고 있는 복음의 내용들을 쉽고 간단하게 제시할 수 있는 것을 필요한다는 사실과 일반 성도들이 훈련과 현장실천을 통해 좋은 결과를 얻게 된다는 것을 알게 되었다. 이 전도지는 일반 성도들이 이미 알고 있는 복음의 확신을 가지고 어디서든지 다양한 방법(그림, 손가락 상담)으로 할 수 있는 복음전달의 도구로 만들어졌다. 신앙인이면 누구나 이미 알고 있는 하나님에 대하여, 사람에 대하여, 죄에 대하여, 예수 그리스도에 대하여, 믿음에 대하여 물흐르듯 대화를 풀어가면서 구원으로 초청하는 간단한, 그리고 자신을 가지고 쉽게 실천할 수 있도록 구성되어 있다.

2. 전도지 사용설명

1) 이 전도지는 전도자가 먼저 복음을 쉽게 이해하고 확신에 근거하여 자신감을 갖고 이웃에게 전달한 후, 구원의 초청과 함께 교회로 인도하게 한다.
2) 강조하고 있는 점은 하나님의 사랑에서 떨어진 영혼이 중보자이신 그리스도를 믿음으로 하나님의 사랑을 회복하고 풍성한 삶을 누리는 길을 보여 주고 있다.
3) 먼저 전도자는 전체 내용을 한 눈에 담을 수 있도록 전달할 복음에 대해 다음 복음의 3기둥과 5요소를 영상화한다.

	핵심 줄거리 (뼈대)	쉬운 설명 (살)	적용성구 (힘살)		계 3:20
(인사) →				(결단)	→ 영접
분위기	하나님	①②③	요 3:16		기도 후
따라	사 람	①②③	롬 3:23		하나님의
간단한	죄	①②③	히 9:27		자녀들의
도입	그리스도	①②③	요 14:6		축복
	믿 음	①②③	요 1:12		(자기간증)

4) 전도자는 상황에 따라 다음과 같이 할 수 있다.
   ① 시청각적인 손가락 방법 : 다섯 손가락에 각각 원리를 적용하여 왼손을 펴 오른손으로 가르키면서 설명한다. 그때 눈은 전도자의 손가락을 따라 보며, 귀로는 말을 듣고, 머리로는 생각하면서 마음을 움직여 스스로 결단할 수 있게 된다. 주로 활동하는 지역 공간(버스, 전철 등)에서 짧은 시간에 실천이 용이하다.
   ② 그림 그리기 : 이 방법은 여러 사람이 그룹으로 모여진 곳에서는 큰 종이에 그림을 그리면서 설명할 수 있고, 한 명, 두 명, 그리고 세 명의 사람들에게는 작은 종이에 각각 그 원리를 표시하면서 전달해 가는 방법이다. 주로 젊은층, 학생들에게 쉽게 전달되어진다.
   ③ 간증과 함께 하는 상담식 방법 : 여러 가지 문제를 안고 있는 현대인

들에게 "이 세상에서 가장 큰 문제는 무엇이라고 생각하십니까?"라는 질문을 던지고 그 마음의 문제를 끌어내어 그 문제의 해결은 하나님을 알고 예수를 믿음으로 바른 관계를 맺기만 하면 해결될 수 있음을 이야기하면서 조용하게 각 원리에 따라 예수님에게 초대한다.

5) 처음에는 훈련을 통하여 전도자 자신이 반복하여 소리내어 읽고 완전하게 이해한 후 둘이 짝이 되어 자신의 신앙고백과 함께 보지 않고 할 수 있도록까지 계속 서로 도와 주고 보완하면서 숙달시킨다.

6) 자신감은 수차례의 실전 경험을 통해 얻게 되며, 도중의 실수나 시행착오가 생긴다 할지라도 두려워 말고 반복하여 암송하고 또 실천한다.

7) 전도한 초신자에게도 이 복음 전도지로 구원의 확신을 갖게 한 후, 그도 다른 사람에게 전달할 수 있도록 훈련하여 충성된 제자로 양육하는 훈련도구로도 가능하다.

3. 실 제

1) 인 사

전도하기 전 인사를 하고 자신을 소개해야 한다. 인사는 예의를 갖춰 해야 하며, 다음의 인사는 상황에 따라 적당히 변경하여 사용해도 좋다.

예) 저는 ○○교회에 다니는 ○○○입니다.

2) 도 입

저는 잠시 동안 당신을 향한 하나님의 사랑에 대해 말씀드리려고 합니다.

사람들 중에는 어떤 사람은 하나님에 대해 관심이 없으며, 어떤 사람은 하나님을 무서운 분으로 생각하며, 어떤 사람은 하나님을 알고 믿기를 원합니다.

당신은 하나님을 어떤 분으로 알고 계십니까?

3) 5요소

1 하나님

■ 태초에 하나님이 천지를 창조하시니라 -창세기 1:1-

■ 하나님이 우리를 사랑하시는 사랑을 우리가 알고 믿었노니 하나님은 사랑이시라
-요한일서 4:16-

(그림 중 볼펜이나 손가락 등으로 '하늘'과 '하트' 부분을 가리키면서 하나님에 대해 설명하라.)

나는 하나님을 이러한 분으로 믿습니다.

첫째, 하나님은 우주만물을 창조하신 창조주이십니다(창 1 : 1).

둘째, 하나님은 흠이 없는 거룩하신 분입니다(벧전 1 : 16).

셋째, 하나님은 인간을 사랑하시고 복을 주시는 분입니다(요일 4 : 16).
 (하나님의 사랑을 잘 보여 주는 성경말씀이 있습니다.)

> "하나님이 세상을 이처럼 사랑하사 독생자를 주셨으니 이는 저를 믿는 자마다 멸망치 않고 영생을 얻게 하려 하심이니라"(요 3 : 16)고 말씀하고 있으며, 여기서 세상은 저와 ○○님을 가리킵니다. (그런데 사람은 어떠한 존재입니까?)

2 사 람

(그림 중 '사람' 부분을 가리키면서)

그런데 사람은 어떠한 존재입니까?

모든 사람은 불완전하고 연약한 존재입니다.

왜냐하면,

1. 선한 것을 알면서도 행하지 않습니다(약 4 : 17).

2. 하나님을 알지 못하고 찾지도 않습니다(롬 3 : 11-12).

3. 오히려 하나님을 멀리 떠나 자기 마음대로 살려고 합니다(롬 1 : 28).

성경은 이것이 죄라고 말합니다. 그 결과 많은 사람들은 하나님의 복을 누리지 못하고 불안과 허무 가운데 살다 죽을 수밖에 없습니다.
(죄를 지은 인간의 모습을 보여 주는 성경말씀이 있습니다.)

> "모든 사람이 죄를 범하였으매 하나님의 영광에 이르지 못하더니"(롬 3 : 23)라고 말씀하셨는데 여기 모든 사람속에는 ○○님도 저도 포함됩니다(이해하시겠지요?).

3 죄

■ 내가 내 마음을 정하게 하였다
내 죄를 깨끗하게 하였다 할자가 누구뇨
-잠언 20 : 9-

죄=사망

■ 주는 죄악을 기뻐하는 신이 아니시니 악이 주와 함께 유하지 못하며 오만한 자가 주의 목전에 서지 못하리이다 주는 모든 행악자를 미워하시며 -시편 5 : 4~5-

(그림 중 '죄=사망'을 가리키면서)

이러한 인간의 죄는 죽음을 가져 오며, 마침내 심판에 이르게 됩니다.

1. 하나님은 거룩하시기 때문에 죄를 미워하시며 반드시 심판하십니다(시 5 : 4-5).

2. 사람은 죄에서 벗어나려고 하나 불완전하기 때문에 죄에서 헤어 나올 수 없습니다(잠 20 : 9).

3. 죄는 결국 인간에게 죽음을 가져왔고 하나님의 사랑을 누릴 수 없게 하였습니다(엡 2 : 1).

(죄를 지은 인간의 결과를 보여 주는 성경말씀이 있습니다.)

> "한 번 죽는 것은 사람에게 정하신 것이요 그 후에는 심판이 있으리니"(히 9 : 27)라고 말씀하셨습니다. (그런데 놀라운 사실이 있습니다.)

4 예수 그리스도

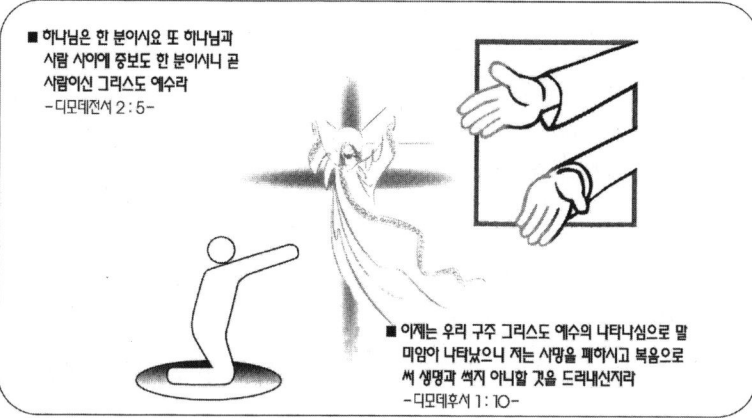

(그림 중 십자가 위에 예수님을 가리키면서 예수님을 믿으면 영생을 얻는다고 설명한다.)

하나님께서 인간의 죄를 해결하기 위해 예수님을 이 세상에 보내 주신 것입니다.

1. 예수님은 죄 가운데 있는 인간을 구원하시기 위해 이 세상에 오셨습니다(딤전 2 : 5).
2. 예수님은 우리의 죄를 대신하여 십자가에 죽으시고 3일 만에 부활하셨습니다(벧전 3 : 18).
3. 예수님만이 인간의 죄와 죽음의 문제를 해결하고 우리에게 새생명을 주시는 유일한 분이며 이것이 하나님의 해결책입니다(딤후 1 : 10).

(예수님이 누구신가를 잘 보여 주는 성경말씀이 있습니다.)

> "내가 곧 길이요 진리요 생명이니 나로 말미암지 않고는 아버지께로 올 자가 없느니라"(요 14 : 6).
> (이제 우리가 해야 할 것은 무엇입니까?)

5 믿 음

■ 내가 진실로 진실로 너희에게 이르노니 내 말을 듣고 또 나 보내신 이를 믿는 자는 영생을 얻었고 심판에 이르지 아니하나니 사망에서 생명으로 옮겼느니라 -요한복음 5 : 24-

('사람', '예수님', 그리고 '십자가의 하트'를 가리킨 후, 영생을 얻으려면 예수를 믿어야 한다고 짚어 가면서 설명한다.)

우리가 하나님의 사랑을 받고 영생을 얻으려면 예수를 믿어야 합니다.

1. 예수를 믿는다는 것은 생명의 주인이 되시는 예수님을 나의 주님으로 영접하는 것을 말합니다(요 1 : 12).

2. 그리고 예수님을 의지하고 죄된 생활을 버리고 하나님께 돌아와야 합니다. 이것을 회개라고 합니다(눅 13 : 3).

3. 그리하면 우리는 하나님의 사랑받는 자녀가 되어 영생을 얻고 복있는 삶을 살다가 천국에 갈 수 있습니다(요 5 : 24).

(성경은 이것을 '구원'이라고 말하며 이렇게 말씀하고 있습니다.)

> "영접하는 자 곧 그 이름을 믿는 자들에게는 하나님의 자녀가 되는 권세를 주셨으니"(요 1 : 12)라고 말씀하시며, 세상 끝날까지 우리와 함께 하시겠다(마 28 : 20)고 약속하셨습니다.

(5가지를 말한 후에 상대방의 동정을 살핀 후에 영접하게 한 후, 그 사람의 주소와 전화번호를 기록한다. 전도자가 결신자에게 1~2주간 전화나 편지, 엽서 등으로 계속 연락하고 지도해 준다.)

예수를 믿는다는 것은 우리 마음에 예수님을 영접하는 것을 말합니다. 지금 이 시간 예수님을 마음에 영접하십시오.

> "볼지어다 내가 문밖에 서서 두드리노니 누구든지 내 음성을 듣고 문을 열면 내가 그에게로 들어가 그로 더불어 먹고 그는 나로 더불어 먹으리라"(계 3 : 20).

기도는 하나님과 이야기하는 것인데, 간절한 마음으로 함께 기도하시지 않겠습니까?

> "사랑의 하나님! 저는 죄인입니다. 저를 용서해 주옵소서. 저는 예수님이 저의 죄를 대신하여 죽으신 것을 믿습니다. 이제 예수님을 제 마음과 삶 가운데 모셔들입니다. 이제부터는 예수님을, 나를 사랑하시는 구주로 믿고 주님의 뜻대로 살게 하여 주십시오. 예수님의 이름으로 기도합니다. 아멘."

예수 믿고 구원받은 우리는 하나님의 사랑을 받고 영생을 누리는 축복을 얻습니다.

1. 예수님은 항상 당신의 마음에 거하십니다(갈 2 : 20).
2. 당신의 모든 죄는 사함을 받았습니다(골 1 : 14).
3. 당신은 하나님의 자녀가 되었습니다(요 1 : 12).
4. 그리고 영원한 생명을 얻어 천국에 갑니다(요 5 : 24).

☞ 축하드립니다.

> "너희가 그 은혜를 인하여 믿음으로 말미암아 구원을 얻었나니 이것이 너희에게서 난것이 아니요 하나님의 선물이라"(엡 2 : 8).

♡ 오는 주일 저와 함께 저희 ○○교회에 가시지 않겠습니까?(오는 주일 가까운 교회에 가셔서 목사님의 기도를 받으세요.)

2. 사영리: 사영리 전도 / THE FOUR(더포전도)[16]

전도학습 TIP

사영리 전도는 예수 그리스도를 믿음으로 말미암아 받을 수 있는 구원의 중요한 메시지를 네 가지로 간단히 정리하여 전하는 방법이다. THE FOUR(더포전도)는 4개의 심벌을 통해 복음을 전하는 전도방법이다. 영상과 이미지에 친숙하고, 바쁜 현대인들에게 효과적인 방법이며 일방적인 전도가 아닌, 질문을 통해 이야기가 오고가는 따뜻한 전도방법이다.

제1원리 "하나님은 당신을 위한 놀라운 계획을 가지고 계십니다."

"하나님이 세상을 이처럼 □□하사 독생자를 주셨으니 이는 그를 믿는 자마다 멸망하지 않고 □□을 얻게 하려 하심이라" (요 3:16)

답) 사랑, 영생

제2원리 "사람은 죄에 빠져 하나님으로부터 떠나 있습니다. 그러므로 하나님의 사랑과 계획을 알 수 없고, 또 그것을 체험할 수 없습니다."

"모든 사람이 □를 범하였으매 하나님의 □□에 이르지 못하더니" (롬 3:23)

답) 죄, 영광

제3원리 "예수님은 우리의 죄를 위해 십자가에서 죽으시고 부활하심으로 하나님과 화목하게 하는 길을 열어 주셨습니다."

"우리가 아직 □□ 되었을 때에 그리스도께서 우리를 위하여 죽으심으로 하나님께서 우리에 대한 자기의 □□을 확증하셨느니라" (롬 5:8)

답) 죄인, 사랑

제4원리 "우리는 예수 그리스도를 '나의 구주, 나의 하나님'으로 영접하고 믿음으로 살아야 합니다."

---

[16] 이미지 및 내용 출처: 이 내용은 한국CCC에서 발행한 사영리 이미지와 내용 및 THE FOUR 이미지와 내용을 허락받아서 사용함을 밝힙니다.

"□□하는 자 곧 그 이름을 믿는 자들에게는 하나님의 □□가 되는 권세를 주셨으니" (요 1:12)

답) 영접, 자녀

> 사영리 전도를 시작한 C.C.C.(Campus Crusade for Christ)는 "너희는 온 천하에 다니며 만민에게 복음을 전파하라"(막 16:15)라는 주님의 명령에 따라 2차 세계대전 후 1951년, 미국 캘리포니아주 U.C.L.A.에서 빌 브라이트 박사에 의해서 시작되었다.

3. 전도폭발 : 개인전도방법

전도학습 TIP

전도폭발(Evangelism Explosion, EE)은 친교와 전도, 제자훈련 및 건강한 교회성장을 위한 구체적인 일들을 효과적으로 감당할 수 있도록 무장된 평신도들을 폭발적으로 배가시키는 사역을 의미하는 용어로, 전도폭발무장사역(Evangelism Explosion Equipping Ministry)의 약칭이다. 평신도를 위한 체계적인 전도훈련 프로그램으로, 전 세계 211개국에서 운영되고 있다. 이 프로그램은 복음전파, 제자훈련, 교회성장, 국제협력을 핵심가치로 삼고 있으며, 평신도들이 자연스럽고 효과적으로 복음을 전할 수 있도록 돕는다.

① 전도폭발의 핵심가치
- 복음전파: 예수 그리스도의 복음을 효과적으로 전달하는 것이 목표
- 제자훈련: 평신도들이 전도자로 성장할 수 있도록 돕는 훈련 제공
- 교회성장: 전도를 통해 건강한 교회성장 촉진
- 국제협력: 전 세계 교회와 협력하여 복음전파 확대

② 주요 훈련과정

전도폭발 훈련은 평신도들이 복음을 자연스럽게 전달할 수 있도록 돕는 체계적인 과정으로 구성된다.

1) 평신도 전도훈련
- 복음의 핵심내용을 이해하고, 이를 자연스럽게 전달하는 방법을 배우는 과정
- 전도폭발 1단계: 복음의 핵심 메시지를 명확하게 이해하기
- 전도폭발 2단계: 개인 간 대화를 통해 복음을 자연스럽게 전달하는 방법 익히기
- 전도폭발 3단계: 실제 전도현장에서 적용하며 경험 쌓기

2) XEE 프로그램
- 20~39세 청장년층을 대상으로 한 전도폭발 훈련 프로그램
- 젊은 세대가 복음을 효과적으로 전할 수 있도록 돕는 데 초점을 맞춤

3) 지도자 임상훈련
- 지도자 대상 임상훈련, 각 지역교회 전도폭발 훈련의 효과적 운영 지원
- 참가자들의 실제 전도현장 경험으로 실질적인 능력 향상

> 전도폭발 훈련은 1962년 제임스 케네디(D. James Kennedy) 목사가 미국 플로리다주 포트 로더데일의 코럴 릿지 장로교회(Coral Ridge Presbyterian Church)에서 20년간 목회하며 교인들을 위한 전도교재를 만들어 전도훈련을 실시한 것이 계기가 되어 시작되었다. 코럴 릿지 장로교회는 이 훈련을 통해 성장한 대표적인 교회로 잘 알려져 있다.

4. 생명의 다리(Bridge to Life) / 하나님의 선물인 영생(God's Gift - Eternal Life)[17]

전도학습 TIP

'생명의 다리' 예화는 네비게이토 선교회에서 전도 도구로 활용되며, 복음의 핵심을 직관적으로 전달하는 방식으로 발전해 왔다. 이 예화는 인간이 죄로 인해 하나님과 분리되었지만, 예수 그리스도의 희생을 통해 하나님과 다시 연결될 수 있다는 메시지를 강조한다. 이 개념은 성경의 여러 구절에서 영감을 받아 만들어졌으며, 특히 "내가 곧 길이요 진리요 생명이니 나로 말미암지 않고는 아버지

---

[17] 이미지 및 내용 출처: 이 내용은 네비게이토 출판사에서 발행한 『생명의 다리』 전도지의 이미지와 내용을 허락받아 사용함을 밝힙니다. "다리예화 전도," 네비게이토출판사 홈페이지, 2025년 1월 접속.

께로 올 자가 없느니라"(요 14:6)와 같은 말씀을 기반으로 한다. 이 예화는 복음을 보다 쉽게 이해하고 받아들일 수 있도록 돕는 역할을 한다.

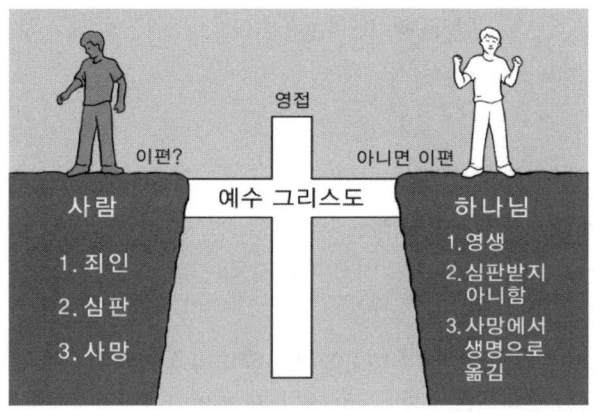

- 하나님의 선물 영생(생명)

"사람이 만일 온 천하를 얻고도 자기 목숨을 잃으면 무엇이 유익하리요" (막 8:36)

- 인간의 상태

사람은 죄인이므로 심판받고, 형벌은 사망 곧 지옥이다. (롬 3:23, 히 9:27, 계 21:8)

- 인간의 힘으로 구원받지 못함

선행, 도덕, 교육이나 철학, 종교의식으로는 구원을 받지 못한다. (잠 14:12, 사 64:6, 렘 17:9, 고전 1:21, 엡 2:8-9)

- 하나님께서 인간을 위해서 해 주신 일

예수 그리스도가 대신 십자가 형벌을 받으시고, 죽으셔서 장사되셨다. 사흘 만에 다시 살아나셨다. (롬 5:8, 고전 15:3-4)

예수 그리스도가 하나님께로 갈 수 있는 유일한 다리이다.

- 어떻게 영생(생명)을 얻을 수 있는가? 믿음이란?

예수 그리스도를 믿고 영접해야 구원을 받을 수 있다. (요 1:12, 요 5:24, 계 3:20)

- 당신은 선택해야 한다.

당신은 이제 어느 쪽에서 영원을 보낼 것인가 결정해야 한다. (요 3:36, 롬 2:4-5, 요일 5:11-13)

네비게이토 선교회의 설립자인 도슨 트로트만(Dawson Trotman)이 정리하여 자신의 성경공부반 회원들에게 가르치던 복음 전달의 6요소를 도슨과 그 이후 세대가 발전시켜 확립시킨 것이다.

예수님은 우리를 죄와 사망으로부터 구원하시기 위해 십자가를 지심으로써, 우리가 하나님께로 나아갈 수 있는 생명의 다리가 되어 주셨다. "다리 예화"는 복음의 핵심을 직관적으로 보고 깨달을 수 있게 해 주는 효과적인 전도의 도구이다.

다리 예화 전도법은 질문을 던짐으로써 전도 대상자를 전도에 참여하도록 유도하는 놀라운 전도방법이다. 네비게이토 선교회는 칼 스티븐슨의 이론을 다음과 같이 설명하고 있다.
① 일방적으로 이야기하기보다 대화를 촉진시킨다.
② 상대방이 곁길로 빠지지 않도록 하며, 대화에 대한 흥미와 참여를 탁월하게 유지시킨다.
③ 알고 받아들인 것들을 기반으로 삼을 수 있도록 도움을 준다.
④ 상대방이 스스로 진리를 발견하도록 도움을 준다.

5. 기타 전도

전도학습 TIP

기타 전도방법에는 진돗개 전도법, 이슬비 전도법, 모유 전도법, 각설이 전도법, 고구마 전도법, 수세미 전도법, 불신지옥 전도법, 쿵두리 전도법, 오이코스 전도법, 그림일대일 전도법, 품앗이 전도법, 낙타 전도법, 파워 전도법, 베드로 전도법, 빌립 전도법, 미용 전도법, 건강 타깃 전도법 등 다양한 종류의 전도법이 있다.

① 오이코스 관계전도

오이코스 전도훈련은 12단계 과정으로 구성되어 있으며, 크게 세 가지 주요 단계로 나누어진다. 1편 좋은 나무, 2편 좋은 열매, 3편 추수하기 단계로, 각 단계는 크리스천이 신앙을 실천하며 자연스럽게 복음을 전할 수 있도록 돕는 역할을 한다.

1편 좋은 나무 단계(1 – 4단계)
크리스천의 정체성을 확립하고, 사명을 회복하며, 변화된 삶을 통해 능력을 갖추는 단계

- 1단계: 나는 누구인가? → 신앙적 정체성 확립, 하나님 안에서 자신의 존재를 깨닫는 과정
- 2단계: 본업(사명) 회복하기 → 크리스천의 사명을 깨닫고, 삶 속에서 실천하는 방법을 배우는 과정
- 3단계: 크리스천 7 생활양식 → 신앙을 실천하는 데 필요한 7가지 핵심 생활양식을 익히는 과정
- 4단계: 변화된 인격과 삶이 능력이다 → 신앙을 통해 변화된 인격과 삶이 전도의 능력이 된다는 것을 배우는 과정

2편 좋은 열매 단계(5 – 8단계)
오이코스 개념을 이해하고, 중보적 기도와 태신자 작정을 통해 관계 속에서 전도의 길을 찾는 단계
- 5단계: 오이코스를 알면 전도가 보인다 → 관계 중심 전도 개념 습득, 이를 실천하는 방법 익힘
- 6단계: 중보기도와 태신자 작정 → 전도 대상자를 정하고, 그들을 위해 기도하며 준비하는 과정
- 7단계: 관계 속에 길이 있다 → 인간관계 활용, 자연스럽게 복음을 전하는 방법을 배우는 과정
- 8단계: 탁월한 관계 전문가 되기 → 관계 형성, 유지하는 기술을 익혀 전도에 활용하는 과정

3편 추수하기 단계(9 – 12단계)
복음을 제시하고, 수용성에 따른 전도전략 수립, 열린 소그룹을 통해 지속적인 신앙성장을 돕는 단계
- 9단계: 복음 제시 → 효과적으로 복음을 전달하는 방법을 배우는 과정
- 10단계: 수용성에 따른 전도 전략 → 전도 대상자의 신앙적 수용성을 고려하여 맞춤형 전략을 세우는 과정
- 11단계: 초청하기 → 전도 대상자를 교회나 신앙 모임으로 초청하는 방법을 배우는 과정
- 12단계: 열린 소그룹(셀) 과정 → 신앙 공동체를 형성하여 지속적인 신앙성장을 돕는 과정

이 훈련은 단순한 전도방법을 넘어, 크리스천이 성경말씀대로 살아가며 복음을 체질화하고 생활화하는 것을 목표로 한다. 이를 통해 전도가 자연스럽게 이루어지고, 신앙 공동체가 더욱 활성화될 수 있도록 돕는다.[18]

② 그림전도

그림전도는 시각적인 자료를 활용하여 복음을 효과적으로 전달하는 방법이다. 그림을 통해 복음의 핵심 메시지를 쉽게 이해할 수 있도록 돕는 방식으로, 특히 어린이와 외국인을 대상으로 한 전도에서 유용하게 사용된다.
- 그림일대일 전도 및 양육사역: 그림을 활용하여 복음을 쉽게 전달하고, 신앙성장을 돕는 일대일 전도 및 양육 과정이다. 이 프로그램은 12주 과정으로 구성되어 있다.

프로그램 개요
- 전도와 양육을 동시에 진행: 그림을 통해 복음을 설명하고, 신앙을 깊이 있게 양육하는 방식이다.
- 일대일 방식: 전도자가 피전도자와 직접 대화하며 그림을 활용해 복음을 전달한다.
- 쉽고 효과적인 접근: 그림을 사용하여 복음의 핵심 메시지를 직관적으로 이해할 수 있도록 돕는다.

주요 과정
- 천국으로의 길: 복음의 핵심 메시지를 그림으로 설명
- 인생의 중심을 바로 잡기: 신앙의 방향성을 설정하는 과정
- 풍성한 그리스도인의 삶: 신앙을 실천하는 방법
- 승리의 말씀 손: 성경말씀을 통한 신앙성장 과정
- 능력의 말씀 손: 말씀을 통해 능력을 얻는 방법
- 권능의 기도 손: 기도를 통한 신앙의 깊이를 더하는 과정
- 축복의 기도 손: 기도를 통해 하나님의 축복을 경험하는 과정

---

18) 이상만 저, 『12단계 오이코스 전도 인도자용』 (서울: 생명의말씀사, 2009) 참고.

- 신비한 예수님의 몸 된 교회: 교회의 역할과 중요성을 배우는 과정
- 별처럼 빛나는 교회의 목적: 교회의 사명을 이해하는 과정
- 은혜의 보좌 앞에 나아가는 예배: 예배의 의미와 중요성을 배우는 과정
- 생육하고 번성하고 창대해지는 삶: 신앙을 통해 풍성한 삶을 사는 방법
- 복음의 물결 파문 전도: 전도를 실천하는 과정

그림일대일 전도 및 양육사역 프로그램은 쉽게 배우고 적용할 수 있으며 특별히 목회자와 성도들이 협업할 수 있다는 장점을 가진 전도양육 프로그램이다.[19]

---

19) 미국 새한장로교회 홈페이지 내 '그림일대일&사역 – 그림일대일 전도양육' 자료 인용. 송상철 담임목사가 집필한 그림일대일 양육교재로 13과를 일대일로 전도하고 양육하여 사역자로 준비시키는 사역자 배출 과정, http://www.saehanchurch.org/main/sub.html?pageCode=23, 2025년 3월 접속.

[나눔 및 적용]

1. 조별 나눔

① 전도의 핵심 내용은 무엇인가?

② 전도자의 자세 3가지는 무엇인가?

③ 내가 가장 잘 적용할 수 있는 전도방법은 무엇인가?

2. 적용하기

① 구원의 확신을 위한 질문을 통해 스스로를 점검해 보자.
② 복음 전도자의 자세를 비추어 볼 때 자신은 어떤 모습인가?
③ 다양한 전도방법으로 삶의 자리에서 불신자들에게 복음 전도를 실천한다.

3. 기도하기

① 전도할 때 구원에 대한 감격과 기쁨이 회복되게 하옵소서.
② 전도할 때 성령으로 충만하게 하옵소서.
③ 전도할 때 주님의 사랑이 넘쳐나게 하옵소서.

전도학습 TIP

1. 조별 나눔은 그동안 배운 것을 반복학습 형식으로 기억하며, 학습내용에 대한 자신의 생각을 나눈다.
2. 적용하기는 학습내용에 대한 질문을 통해서 자신을 성찰하고, 문제상황을 파악한다.
3. 기도하기는 학습내용을 바탕으로 함께 기도제목을 나눈다.

주간 전도과제

1. 전도유형

전도방법	☐ 개인　　　　☐ 그룹(2인 이상)
참석자	

2. 전도실천

전도대상	☐ 자주 교제하거나 연락하는 사이　☐ 가끔 교제하는 사람 ☐ 안면 있는 사람　　　　　　　　☐ 이웃 또는 직장동료 ☐ 불신자 가족 또는 지인　　　　　☐ 기타 (　　　)
기도하기	☐ 하루 10분　　☐ 하루 30분　　☐ 하루 1시간 이상 ■ 한 주간 총 기도시간 =　　시간　　분
전화(SNS) 연락	☐ 1명　　　　☐ 2명　　　　☐ 3명 이상 ☐ 단체 문자 또는 카톡방(10명 이상)　☐ 한 주간 (　　)명
전도하기	주일 | 월 | 화 | 수 | 목 | 금 | 토
사랑나눔	▶베푸는 사랑(음식, 선물, 축하, 섬김 등) ▶띄우는 사랑(전도지, 편지, 문자 등) ▶만나는 사랑(식사, 취미활동＜운동, 여행 등＞, 장보기, 영화관람 등)

3. 전도 대상자

순번	이름	성별 남	성별 여	연락처	주소(거주지역)	재방문	등록
1							
2							
3							
4							
5							
6							
7							
8							
9							
10							

05 전도하는 교회로의 전환

1. 복음으로 무장된 교회
2. 전도 중심적 교회론에 의한 전도전략
3. 전도 영역의 확장

"이 세상에서 가장 어려운 일은
바로 교회를 이루는 일입니다.
교회를 이룬다는 것은 우리가 생각하는 것처럼
교회의 일을 하는 것이 아니라
서로가 서로에게 속하여 진정한 교회가 되는
존재의 물음입니다.

여럿이 연합하여 하나의 완전을 이루어 내는 것이
바로 예수님께서 원하시는 것이었습니다.
그렇지만 언제나 우리의 비전,
프로그램에 초점이 맞춰지다 보면
우리는 보다 본질적인 문제들로부터 멀어지게 됩니다."

세이비어 교회, 고든 코스비 목사

"교인들은 이제 아직 '집' 안으로 들어올 준비가 되지 않은 외부인에게 레모네이드를 대접할 수 있는 포치를 그들의 교회에 만들어 내야 한다. 그렇게 함으로 외부인을 준비시켜야 한다. 어떻게 하면 될까? 교회의 포치는 어떤 모습일까?"[20]

포치[21](porch)는 집 입구에 마련된 테라스와 같은 공간으로 길과 접하고 있다. 포치는 집 안과 밖을 잇는 중간 지대이다. 안전하고 이웃끼리의 왕래가 빈번한 동네에서는 포치에서 사람들끼리 만나고 인사하는 풍경을 쉽게 볼 수 있다. 팀 켈러는 포치를 오늘날 활기찬 동네의 핵심이라고 했는데 집을 교회로, 거리를 세상으로 본다면 포치는 세상의 사람들이 자연스럽게 교회와 접촉하는 공간이다. 포치는 지리적 의미에서의 장소에 국한되지 않는다. 비록 불신자라 하더라도 기독교 신앙에 우호적인 인식을 갖고, 교회와도 어느 정도의 관계를 맺고 있다면 그에게는 관념적, 정서적 포치가 있는 것이다. 그러한 중립적 공간에서 사람들은 교회나 그리스도인들과 접촉하고 기독교에 대해서 듣고, 신앙에 관해서 대화를 나눌 수 있다. 포치란, "사람들이 일반적인 형태의 교회 예배와 교육 외에 유익하고 긍정적인 방식으로 기독교

---

20) 원출처: Tim Keller, "Lemonade on the Porch (Part 1): The Gospel in a Post-Christendom Society," *Life in the Gospel*, Spring 2023, https://gospelinlife.com/article/gospel-in-a-post-christendom-society.
James Eglinton, "Lemonade on the Porch (Part 2) - Why and How to Build Porches: The Gospel in a Post-Christendom Society," *Life in the Gospel*, Summer 2023, https://gospelinlife.com/article/lemonade-on-the-porch-part-2.
김선일, "팀 켈러의 질문에 답함," 복음과도시 2023. 5. 29.에서 재인용, https://www.gospelandcity.org/news/articleView.html?idxno=1784, 2025년 3월 접속.
21) 포치(porch): '건설' 건물의 입구나 현관에 지붕을 갖추어 잠시 차를 대거나 사람들이 비바람을 피하도록 만든 곳. (출처: 국립국어원 표준국어대사전)

에 노출되는 장소"를 말한다. 이때 장소는 물리적인 것만이 아니라 일련의 관계라고 보면 된다. 즉, 불신자들이 환영받고 자연스럽게 참여할 수 있는 공간도 될 수 있고, 그들과 맺는 좋은 관계도 될 수 있다.

팀 켈러는 미국의 교회들이 더 이상 과거의 기독교 문화였던 포치면 충분하다는 환상에 머무르지 말고 새로운 포치를 만들어야 한다고 말한다. 그는 포치에서의 전도의 몇 가지 사례로 신앙은 없지만 진리를 탐구하는 이들을 맞이해 대화를 나누는 공간으로서 프란시스 쉐퍼가 세운 라브리 공동체, 양질의 교육으로 지역사회에서 좋은 평판을 얻는 기독교 학교, 교회의 봉사 및 구제 프로젝트, 교회 밖에서 이루어지는 독서나 취미 소모임, 또는 비신자들도 참여할 수 있는 성경공부나 기독교 신앙학습 모임 등을 이야기한다. 사실 기독교 가정은 원래부터 이웃을 환대하며 기독교 신앙이 스며들게 하는 모범이었다. 단순히 초대와 환대만이 포치의 기능의 전부는 아니다. 기독교에 대해 그저 안전하고 중립적으로 탐구하고 토론하는 데서 그치면 안 된다. 불신자들의 가치와 신념이 기독교 세계관과의 대면을 통해서 궁극적으로 전복되는 '성취'가 일어나야 한다. 그들이 그들의 세계관과 라이프 스타일을 넘어서는 더 큰 세계의 일관된 진리를 만나야 한다.

전도하는 교회로 전환하기 위해서는 교회들이 이웃과 공유하는 일상 속에서 포치를 만드는 데 힘을 기울일 필요가 있다. 지역사회의 취약계층을 돕는 디아코니아 사역, 이웃과 함께하는 문화 활동을 시도할 필요가 있다. 새로운 관계를 형성하고 확장하는 것이야말로 인간에게 줄 수 있는 커다란 선물이다. 복음으로 무장된 교회는 진실한 관계를 중심으로 복음을 통해 삶 속으로 흘러 들어간다. 함께 기도하고 상상한다면 팀 켈러가 남긴 포치 테이블에 우리의 이웃을 위한 새로운 레모네이드를 올려놓을 수 있을 것이다.

디자인 씽킹(Design Thinking)

1단계 : 지문 읽기
집중하기
속독하기

2단계 : 공감하기
불편함(부담감) 찾기
문제 파악(이해하기)
현재 상황(인식하기)

3단계 : 경청하기
팀원과 나누기
불편함 정의하기
해결방법 모색하기

4단계 : 아이디어
아이디어 구상하기
키워드 디자인하기
좋은 방법 제안하기

전도학습 TIP

전도하기가 쉽지 않은 이 시대에 교회에서 실시하고 있는 효과적인 전도방법은 무엇인가? 기존의 전도방법은 잘 이루어지고 있는가? 그렇지 않다면 그 이유가 무엇인지 함께 나눈다.

1. 복음으로 무장된 교회

1. 부름받은 공동체로의 교회

① 에클레시아(ἐκκλησία)

정규적으로 모이는 시민들이나 입법 기관을 뜻한다. 헬라어 '에클레시아(ἐκκλησία)'는 가정, 교회와 같은 사적이고 작은 모임을 뜻하는 말이 아니라 그리스와 로마 시대 시민들을 위한 공적이고 큰 모임을 뜻한다. "~로부터 from"의 뜻을 지닌 전치사 에크(ἐκ)와 "부르다 call, summon"의 뜻을 지닌 동사 칼레오(καλέω)를 합쳐 "~로부터 불려 나온 사람들" 혹은 "~로부터 부름받은 사람들"이라고 이해할 수 있다.

② 교회(敎會)

예수 그리스도를 주(主)로 고백하고 따르는 신자들의 공동체 또는 그 장소를 뜻한다.

③ □□란 하나님의 선택과 부르심을 받아 복음을 영접한 공동체이다.

답) 교회

> 바울은 이방인 그리스도인들로 구성된 회중, 특정한 도시 안에서 그리스도인들이 모이는 대규모 모임을 말할 때 '에클레시아(ἐκκλησία)'를 사용했다. 그리고 가정, 교회와 같은 소규모 모임을 의미할 때는 '에클레시아'를 거의 사용하지 않았다.

'교회'는 주님께 부름받은 공동체라는 의미이다. 헬라어 '에클레시아(ἐκκλησία)'는 신약성서에서 교회를 칭하는 대표적인 단어인데, 그 의미는 '불려 나온 사람들, 부름받은 사람들'이다. 이후 이 용어는 회합, 집회라는 말로 확장되어 사용되고 있다.

한자어의 교회는 무슨 뜻일까? 교회는 가르칠 '교(敎)'와 모일 '회(會)'가 만나서 만들어진 한자어다. 교(敎)라는 글자는 '불교, 유교, 천주교' 등의 보통 종교를 가리키기 때문에 교회라는 말은 글자 그대로 종교적 모임, 종교 단체라고 뜻풀이가 된다. 하지만 다른 종교단체의 회합은 교회라고 부르지 않는다. 사전적 의미로서의 교회는 '예수 그리스도를 주(主)로 고백하고 따르는 신자들의 공동체 또는 그 장소'이다. 따라서 교회는 '하나님으로부터 부름받아 예수 그리스도를 주로 고백하는 공동체'라고 정의할 수 있다. 교회의 구성원이 되어 교인(敎人)이 된 것은 하나님의 부름이 있었기 때문이다.

오늘의 그리스도인들은 일반적으로 목회자의 설교를 듣고, 예배 분위기를 평가하고, 교회에 대한 풍문을 수집하여 그 결론에 따라 교회를 선택한다. 하지만 어찌 그것이 전부이겠는가? 그 이면에 주님의 부름이 있었음을 명심해야 한다. 내가 나의 선택과 의지가 아니라 하나님의 선택과 부름을 받아 복음을 영접하게 된 것이다. 또한 그리스도인은 교회를 통해 계획하신 하나님의 거룩한 공동체를 세워 가기 위해 주님으로부터 부름을 받은 사람들이다. 이것이 우리를 부르셔서 교회 공동체를 이루게 하신 하나님의 계획이다. 그리고 우리는 하나님의 부름의 소식을 아직 듣지 못한 이들에게 복음을 선포하고, 전하고, 나눠 주어야 한다.

2. 그리스도의 몸 된 교회

① 교회 공동체는 그리스도의 다스림을 받는다.

교회의 머리는 예수 그리스도이시고, 교회는 예수 그리스도의 다스림을 받는다. 생물학적인 관점에서 교회는 그리스도의 몸이고, 교회의 머리는 그리스도이시다. 어떤 의미인가? 첫째, 머리가 몸을 조율하고 다스리고 통제한다. 머리와 몸은 서로 분리되거나 독립적으로 활동하는 것이 아니라 긴밀하게 연결되어 있으며 이를 하나의 몸으로 묶어내는 특별한 일을 담당하는 기관이 바로 머리다. 둘째, 몸과 머리는 서로 떼려야 뗄 수 없는 관계라는 점이다. 예수님의 말씀처럼 가지가 포도나무를 벗어나서 살 수 없듯이, 살아있는 생물들은 그 몸이 머리를 떠나면 생존할 수 없다. 교회가 이러한 영적 원리에 의해 다스림을 받지 않거나, 그리스도께 영광을 돌리지 않는다면 그것은 교회의 사명을 감당하지 못하고 있는 것이다.

> 우리가 복음서를 통해 발견하게 되는 예수 그리스도의 지향점은 하나님의 나라이며, 그분의 사역의 포커스는 하나님 나라 복음의 선포이다. 그분의 공생애 사역에 있어 이를 제외하면 과연 무엇이 남아 있겠는가? 그렇다면 그리스도에 의해 태동하였고, 그리스도에 의해 생존하게 되고, 그리스도에 의해 다스림을 받는 그의 몸 된 교회는 무엇을 바라보고 무슨 일을 도모하며 무슨 열매를 꿈꾸겠는가? 복음을 위한 선교와 전도는 교회의 마땅한 존재 이유가 된다.

② 교회는 그리스도를 떠나면 생존할 수 없다.
우리의 몸이 머리와 분리되면 살 수 없듯이 교회가 그리스도를 떠나면 생존할 수 없다. 몸 자체의 생명력과 생동력을 충분히 가지고 있다 하더라도 머리와 분리되면 생존이 불가능하다. 그러므로 교회는 머리 되신 그리스도와 함께하고 있는지를 언제나 염두에 두고 살펴야 한다. 왜냐하면 그것이 곧 교회의 생존과 직결되기 때문이다.

> 그리스도를 교회의 머리로, 그리고 교회를 그리스도의 몸으로, 그 관계를 생물학적인 관점에서 이해할 수 있다. 머리와 몸은 서로 분리되거나 독립적으로 활동하는 것이 아니라 긴밀하게 연관되어 있으며, 이를 하나의 몸으로 묶어내는 특별한 일을 담당하는 기관이 바로 머리이다. 예수 그리스도를 교회의 머리로 인정한다는 것은 분명한 교회의 정체성을 나타낸다. 교회는 그리스도의 다스림을 받는 것이 마땅하고, 머리되신 그리스도의 명령과 말씀에 더욱 집중하고 순종해야 한다.

3. 복음의 시대적 해석과 선포

① 복음, 예수 그리스도의 삶 자체
예수님의 존재와 인생 전부가 복음이요, 그분이 제자들과 함께 살아내신 삶의 모양새가 복음이요, 승천하신 이후 제자 공동체가 거듭 재현하려 하였고 재생시키려 하였던 예수님을 닮은 삶 자체에 담겨 있는 것이 복음이다.

> 교회가 복음으로 무장함에 있어 상당한 사색을 통해 심도 있게 고려해야 하는 점은 복음에 대한 해석학적 숙고이다. 복음(Good News)이 기록이나 소식, 그리고 증언이나 설교에 담겨지기 이전에 그것은 예수 그리스도의 삶 자체였다. 복음은 예수 그리스도의 삶이라는 궁극적인 이미지를 담고 있다. 우리가 복음에 대해

생각할 때, 예수 그리스도의 삶을 떠올리게 되는 것이 그것이다. 우리가 복음에 대해 이야기할 때, 예수 그리스도의 말과 행동을 상기하게 되는 것이 그것이다. 우리가 복음에 대해 증언할 때, 예수 그리스도의 생각과 꿈을 나누게 되는 것이 그것이다.

② 복음, 삶의 방정식

복음은 마치 예수 그리스도가 고안한 삶의 방정식과 같아서 시대와 장소, 상황과 대상을 무론하여 우리의 모든 삶에 똑같이 동작하고 적용되는 규범이다. 그리하여 예수 그리스도의 삶의 방식을 보여 주기에 우리의 영적인 원리와 신앙적 삶의 법칙의 총체라 할 것이다.

복음은 삶을 통해 그려지는 이미지이기 때문에 우리는 먼저 예수님의 삶과 이야기에 관심을 가지며, 동시에 그 복음이 씨앗이 되어 자라가게 될 토양으로서의 우리 삶을 절대 간과할 수 없다. 우리는 묻고 복음이 답한다. 우리가 질문하고 복음이 보여 준다. 우리가 문제를 제시하면 복음은 해결책을 내어 준다.

③ 복음, 변혁적 공동체

교회는 폐쇄적이며 배타적 공동체가 아니라 시대와 상황에 따라 응답하고 행동하는 열려 있는 변혁적 공동체이다. 과거 우리의 교회사 속에서 '예수 천당 불신 지옥'이 가장 매력적인 캠페인이었고, 곧 '예수 믿고 축복받자'가 뒤를 이었다면 오늘 우리에게 복음은 어떻게 해석되어야 하고, 또한 무엇을 선포해야 하는지를 질문해야 한다.

교회는 지속해서 역사적이고 시대적인 질문을 들고 복음 앞에 서며, 거기서 우리의 삶을 투영하는 응답을 추구한다. 물론 시대가 변하고, 삶의 상황이 바뀌듯 복음이 내어 주는 대답은 다양할 수 있다.
교회는 복음이라는 고차원 방정식에 이 시대를 대입하여 죄를 사해 주시는 십자가의 은총과 영원한 생명을 보증하는 부활의 약속이 오늘 우리의 시대에 어떻게 능력을 발휘할 수 있는지에 대한 정답을 찾아야 하며 다시 시대의 삶 한복판에 돌아와 그 정답을 뜨겁게 선포해야 한다.

4. 종말론적 희망공동체

① 복음의 종말론적 특징

복음은 우리로 하여금 도래할 하나님의 나라를 바라보게 한다. 하나님의 나라는 역사를 초월하거나 역사 안에 내재되어 있는 것이 아니라 분명하게 우리 역사의 저편에 위치하고 있다.

복음이 우리를 설레게 하는 이유는 복음이 가진 종말론적 특성에 있다. 역사적 종말을 바라보는 편협한 시각은 역사 안에 종말을 새겨 넣으려 했으나, 역사적 종말에 대한 궁극적 소망은 하나님의 원대한 구속사 안에 우리의 역사가 속해 있음을 밝혔다. 곧 역사 안에서 종말이 도래하는 것이 아니라 창조와 종말이라는 하나님의 섭리 안에 인류의 역사가 위치하는 것이다.

② 교회: 하나님의 나라를 기다리는 공동체

교회는 예수 그리스도의 복음을 따라 도래할 하나님의 나라를 기다리는 공동체다. 즉, 종말론적 공동체임이 틀림없다. 이는 우리의 눈을 오늘에 머무르지 않게 하며, 하나님의 영광이 완성되는 종말론적 하나님의 나라로 이끈다. 그것이 교회의 소망이요 궁극적인 종착역이다.

하나님의 찬란한 영광의 나라가 임할 때에, 우리는 영생하는 새로운 존재로 부활하게 된다. 온 우주만물은 새 하늘과 새 땅으로 변화되고 우리는 하나님을 영원히 예배하며 완전한 기쁨과 복을 누리게 된다. 이것이 예수 그리스도가 열어 놓으셨고, 이후 교회 공동체가 대망하는 하나님의 나라인 것이다. 우리는 그 기쁨의 약속을 '복음'이라고 부른다.

③ 미래로부터 오는 희망

종말론적 희망공동체인 교회는 오늘의 갈등과 결핍에 휘둘리지 않는다. 왜냐하면 우리 소망의 근거는 오늘이 아니라 미래에 있기 때문이다. 또한 교회는 땅의 문제와 불의에 좌절하거나 패배하지 않는다. 왜냐하면 우리는 땅에 매여 있는 존재가 아니라 하나님의 나라의 소유된 백성이기 때문이다.

종말론적 희망은 교회로 하여금 완성된 하나님의 나라를 바라보게 한다. 히브리서의 증언처럼 믿음으로 우리는 그 나라를 확증하고 신뢰한다. 믿음의 관점에서 더욱 명백한 하나님의 통치는 과거나 현재가 아니라 미래이기에, 복음은 곧 희망이며 복음의 복된 능력이 어떤 상황에서도 제한되지 않는다. 반드시 그의 나라는 도래할 것이기 때문이다.

교회가 신뢰하는 종말론은 단순히 우리 역사 끝의 종말에 대한 이야기만을 담고 있는 것이 아니다. 종말에 우리에게 부어질 기쁨과 영광은 미래를 넘어 현재로 넘쳐온다. 이렇게 생성된 강력한 희망은 오늘을 인내하게 하고 견뎌낼 힘을 공급한다. 하지만 어디 그뿐이랴? 종말에 대한 넘치는 희망은 아직은 성취되지 않은, 절망과 어둠과 불의가 잔존하는 오늘의 이 땅을 긍정의 에너지로 가득 채운다. 지금, 여기는 반드시 도래할 새 하늘과 새 땅의 터전이다. 우리는 여기에 종말론적 하나님의 나라를 뿌리고 파종한다. 꽃을 피우고 열매를 맺도록 경작하는 농부의 사명이 교회에게 부여된다. 이것이 종말론적 희망공동체인 교회가 복음을 증거하고 오늘을 하나님의 나라로 변혁시키려는 지칠 수 없는 힘이다. 교회의 전도와 선교는 이러한 복음의 놀라운 에너지로 충만해야 한다.

2. 전도 중심적 교회론에 의한 전도전략

1. 모이는 교회에서 흩어지는 교회로

① 선교적 사명으로부터 태동한 교회

"오직 성령이 너희에게 임하시면 너희가 권능을 받고 예루살렘과 온 유대와 사마리아와 땅 끝까지 이르러 내 증인이 되리라"(행 1:8)라는 말씀을 통하여 새로운 교회의 역사가 시작되었다. 즉, 교회는 땅 끝까지 이르러 복음을 증거하는 선교적 정체성을 가지고 태어난 것이다.

② 선교하는(missionary) 교회

전통적으로 '선교하는 교회'는 먼저, 교회 밖의 불신자를 교회 안으로 초청하는 것에 집중하였고, 예수 그리스도의 복음을 영접함으로 예배에 참여하게 하며, 세례를 주어 교인으로 받아들이고 성례전의 은혜를 나누는 것으로 구체화되었다. 교회는 예배하는 사역, 가르치는 사역, 친교와 섬김의 사역과 더불어 복음을 전하는 선교 사역을 주요 사역의 한 분야로 감당해 왔다.

이같은 전통적 선교론은 지역사회를 복음화의 대상으로 삼으며, 이웃을 선교의 대상으로 바라보고 그들을 교회 안으로 모으는 사역을 전도로 이해했다. 탈권위주의와 해체주의를 표방하던 포스트모던 시대를 통과하며 교회는 다시금 선교에 대한 매우 본질적인 지향점을 깨닫게 되었는데, 그것은 '선교적(missional) 교회'라는 새로운 패러다임에 대한 각성이었다.

③ 선교적(missional) 교회

선교적 교회론은 선교를 교회의 다양한 사역의 한 분야로 인식하거나, 역동적 교회를 위한 중요한 프로젝트로 이해하는 것이 아니라 선교가 곧 교회의 본질이자 정체성이라고 본다. 교회는 선교를 위해 태어났고, 복음이라는 요람 안에서 자라났다. 선교란, 복음을 삶으로 살아내는 교회의 자연스러운 실천이기에 교회의 모든 영역은 곧 '선교적'이다. 이 같은 견지에서 지역사회는 복음화의 대상이나 전도의 대상을 넘어 이 땅에 하나님 나라를 건설하는 복음의 협력자로 이해될 수 있다. 선교의 최종 목적은 불신자를 전도하여 교회 안으로 불러들이는 것에 국한되지 않고, 세상 가운데 하나님의 나라와 그의 뜻을 실현하는 데 있기 때문이다.

2. 세속화를 극복하여 복음화의 물결로

① 세속화(secularization)

세속화(世俗化)는 신성화(神聖化)의 대립개념으로써 과학이 발달함에 따라 근대화나 합리화와 같은 사회 과학의 발전으로 말미암아 종교가 모든 측면에서 권위를 잃어버린 시대적 변화를 상징한다. 따라서 세속화란, 제도와 종교적 가치가 거의 동일시되던 사회가 비종교적 가치와 세속적 제도를 따르는 사회로 변화하는 과정을 일컫는다.

> 교회와 세속, 성(聖)과 속(俗)은 칼로 잘라내듯 명확하게 이분법적으로 구분할 수 없다. 중세시대부터 교회가 추구했던 것은 세상에 대한 영향력이었으나, 아이러니하게도 세상의 문화가 교회 안으로 침투해 왔다. 이를 학자들은 세속화(secularization)라고 칭한다. 거룩한 가치를 추구해야 하는 교회가 세상의 가치를 욕심내는 것, 영적인 가치를 최우선으로 인정해야 하는 교회가 물질적인 가치를 우위에 두는 것, 이러한 모습은 세속화된 교회의 자화상임이 틀림없다. 세속화된 가치관으로 물든 세속화된 복음은 세속화된 특징을 고스란히 드러내는데, 그것은 땅, 곧 세속에 사는 사람들이 그렇게도 얻고 싶어 하는 이생의 정욕을 따르는 것들을 똑같이 소망하는 모습이다.

② 복음화(evangelization)

복음 안에 선포된 그리스도의 신비로 사람들을 인도하는 모든 활동을 통틀어 '복음화'라고 한다.

> 교회는 이 땅 가운데 하나님의 나라를 선포하고 하나님의 통치의 영역을 확장해 가는 선교적 사명을 가지고 있다. 세상 문화가 교회 안으로 침투하는 것을 결연히 막아내고 교회가 세상 안으로 들어가 하나님의 다스리심을 선언한다. 이것이 곧 복음화(evangelization)다. 교회가 세상의 옷을 입을 것이 아니라 세상을 그리스도로 옷 입혀야 한다(롬 13:14). 선교적 교회의 본질절인 실천은 이러한 세속화를 막아내고 세상 가운데 복음화를 이루는 것이다.

3. 개인적 영성을 넘어 공동체적 영성으로

① 개인적 영성

현세 기복적 신앙관은 종말론적 하나님의 나라의 비전을 흐릿하게 만든 것은 물론, 복음의 영향력을 오직 개인구원에 치중하게 만들었다. 물론 신앙은 하나님과 나 사이의 개별적이며 개인적 관계라는 점은 포기할 수 없다. 복음을 영접한다는 것은 나의 불의와 죄를 자인하고, 오직 그리스도를 통한 십자가 은총만이 우리를 죄와 사망의 권세에서 구원할 수 있음을 믿는 것이다. 이를 성찰하는 것도 개인이요, 인정하는 것도 개인이며, 나아가 회개를 통해 새로운 자유를 성취하는 것도 개인이다.

> 그러나 사회과학 분야의 여러 연구들은 개인으로서의 인간은 누구도 사회로부터 분리될 수 없음을 밝혔다. 즉, 인간은 공동체를 이루고 살아야 하는 존재이기 때문이다. 그러므로 개인의 의식과 사상은 그가 속해 있는 공동체의 문화와 사회적 의식에 지대한 영향을 받는다.

② 공동체적(선교적) 영성

교회는 개인적 영성을 넘어 공동체적 영성으로, 개인적 구원을 넘어 사회적 구원으로 나아가며, 개인적 복음을 넘어 온 세상 만유를 구원하시는 우주적 복음을 선포해야 한다. 성서를 통해 우리가 분명하게 발견할 수 있듯이, 하나님의 말씀은 단지 개인에게만 계시된 것이 아니라 하나님의 백성들이라 불리는 예배 공동체, 신앙 공동체에 임한다. 마찬가지로 성령의 역사 또한 개별적 믿음의 사람에게뿐 아니라 믿음의 공동체에 더욱 강하게 임재하신다. 이는 교회를 통해 우리 각자를 불러 주신 하나님의 뜻이며, 교회 공동체를 통해 은혜를 나누고 나아가 거룩한 공동체를 만들어 내는 복음의 능력이다.

> 복음을 공동체적 관점에서 이해하게 되었을 때, 전도와 선교의 초점은 단지 불신자라는 한 사람에 머무르지 않는다. 도리어 복음은 정의롭고 윤리적인 긍정적 영향력이든, 혹은 불의하고 사악한 부정적 영향력이든 그 한 사람에게 지대한 영향력을 끼치는 공동체를 향한다.

3. 전도 영역의 확장

1. 가족 복음화

'나'의 구원으로부터 '우리'의 구원으로, '나'의 평화로부터 '우리'의 평화로, '나'의 축복으로부터 '우리'의 축복누림으로 확장되는 하나님 나라의 첫 영토는 '나'의 가족이다. 왜냐하면 실존적으로 가족이 나의 행복에 가장 밀접하게 개입하고 있기 때문이다. 가족이 불화하면 내가 행복할 수 없다. 가족은 우리의 선택과 판단에 의해 구성되는 것이 아니라 하나님의 거룩한 계획하심에 의해 만들어진다. 일반적으로 사람들은 가족의 구성을 부모와 자녀로 판단하지만 성서적 관점에서 가족의 출발점은 남자와 여자의 결합, 곧 부부로부터 시작한다. 그런데 하나님의 말씀은 이 같은 가족의 첫 결합이 하나님의 뜻임을 강력하게 계시하신다(마 19:6). 이에 따라 중세의 교회는 오랫동안 혼인을 거룩한 성례로 지킬 정도였다. 부모와 자녀로 펼쳐지는 혈연관계 또한 하나님의 주권을 인정할 수밖에 없다. 왜냐하면 자녀가 부모를 선택하는 것이 아니기 때문이며, 마찬가지로 부모가 자녀를 선택하는 것도 아니기 때문이다. 가족은 하나님이 피로 묶어 주셨고 하나님에 의해 창조되고 있는 신성한 공동체임이 틀림없다.

> 목회적 관점에서 가족의 구원과 가족의 복음화는 그 어떤 전도보다 중요하다. 따라서 현대사회에서 등장하고 있는 다양한 가족관계에 대한 숙고가 필요하며, 또한 가족의 해체와 재결합에 대한 복음적인 해석이 필요하고, 이를 막아내거나 회복하고 치유하기 위한 목회적 해석과 대안이 필요한데, 이것은 곧 가족 복음화의 영역이라 할 것이다.

2. 지역 복음화

최근 선교에 관련한 한국교회의 친숙한 모습 중의 하나는 각 도시마다 '성시화 운동'을 펼치고 있는 것이다. 이른바 교회가 위치하고 있는 그곳을 거룩한 도시, 거룩한 지역으로 만들자는 이상적인 캠페인으로 여겨진다. 그러나 선교적 교회의 중요한 모토 중의 하나는 지역사회 내 교회와 그리스도인들의 능동적인 참여와 활동이다. 이는 지역사회에서 교회의 신뢰도를 회복하고 영향력을 증대하기 위한 목적을 가질 뿐 아니라 이 자체가 복음적 실천이기 때문이다. 예수께서 땅끝까지 복음을 전하라는 권면 중에 '예루살렘 성'과 '사마리아 성'을 언급하신 것은 선교의 영역을 지역사회로 확장함에 있어 주의해야 할 점을 말씀하신 것이다. 우선 특정한 사상이나 정치색을 띠어서는 안 된다.

지역 복음화를 위해서는 오직 복음적 관점과 하나님 나라의 관점에서 강력한 연합을 구축해야 할 것이다. 기독교의 최고의 미덕이며, 예수 그리스도의 가장 강력한 가르침이고, 자타가 공인하는 교회의 분명한 윤리 덕목은 바로 '사랑'이다. 또한 지역사회 복음화에 있어서 주의해야 할 점은 편협하거나 배타적이어서는 안 된다는 점이다. 오직 하나님의 은총이 아니고서는 우리의 한계를 극복하는 존재론적 변화를 성취할 수 없다. 오직 성령의 생명력이 아니고서는 이 땅은 생육하고 번성하는 평화를 누릴 수 없다. 오직 하나님의 다스리심이 아니고서는 우리의 정의는 완벽해질 수 없다. 그러므로 복음화를 위해 교회는 좀 더 넓은 포용심과 관용의 정신, 그리고 온유함과 섬김의 도를 선택해야 한다.

3. 민족 복음화

한국교회의 큰 어른이셨던 한경직 목사의 복음에 대한 실천은 크게 두 가지로 요약이 되는데 예수 그리스도를 닮은 인격적 변화와 민족 복음화에 대한 비전이다. 이 같은 선교적 거대 담론으로서 민족 복음화에 대한 유산은 그것을 느끼지 못한다 할지라도 한국교회의 면면에 흐르고 있다. 예컨대 대부분의 한국교회에서는 예배 시에 나라와 민족을 위해 중보적 기도를 하는 것이 매우 일반적인 모습이다. 그만큼 우리는 이미 나라를 사랑하고 민족을 사랑하며 그 사랑의 행위로 민족 복음화에 대한 열정을 가지고 있는 것이다. 그렇다면 이제 우리에게 남겨진 과제는 민족 복음화를 어떻게 구체화하여 시행할 것인가이다.

교회는 이러한 한국교회에 부여된 역사적 사명을 깨닫고 착실히 고민하고 준비해야 할 것이다. 하나님이 계획하신 시간에 대한민국은 통일될 것이다. 기대와 설렘 가운데 삼천리 반도에 하나님의 복음의 물결이 가득 차는 그날을 준비해야 한다.

4. 세계 복음화

지금까지 세계선교의 패러다임은 타문화권에 초점을 맞추고 있었다. 그런데 오늘날에는 전쟁과 기근 등으로 이민자들이 확산되고 있어 새로운 선교적 패러다임이 요청되고 있다. 새로운 선교적 패러다임은 바로 '디아스포라 선교'이다. 과거 디아스포라 선교는 유럽, 미국, 캐나다로 오는 이민자 그룹에게 복음을 전하는 것을 의미했다. 예수를 알지 못하는 이민자들에게 교회가 접촉하면서 복음을 전하는 '디아스포라에 대한 선교'를 통하여 이민자들이 예수를 믿게 되었다. 그리고 이제는 '디아스포라를 통한 선교'가 이루어져야 할 것이다. 전 세계 각지에 흩어진 디아스포라 기독교인들이 자기 민족에게 다시 복음을 전하는 것이다.

[나눔 및 적용]

1. 조별 나눔

① 교회의 정체성(Identity)으로서 '그리스도의 몸'은 어떤 의미인가?

② 희망의 공동체로서 교회는 어떤 역할을 감당해야 할까?

③ 전도 중심적 교회의 전도전략은 무엇인가?

2. 적용하기

① 우리 교회 전도의 비전을 적어 보자.
② 이미 알려진 전도 프로그램 중에서 우리 교회에 가장 적합한 것이 있다면 무엇인가?
③ 선교적 교회로서 우리 교회에 가장 필요하다고 생각되는 것은 무엇인가?
   (아래 보기에서 세 가지를 선택해 보고 그 이유를 나눠 보자.)

① 기도 모임	② 확고한 충성	③ 주변의 태신자	④ 노방전도
⑤ 전문적인 담당 사역자	⑥ 풍요로운 전도예산	⑦ 거침이 없는 순종	⑧ 뜨거운 복음전도설교
⑨ 불신자에 맞춘 예배	⑩ 예쁜 전도지	⑪ 충만한 감사	⑫ 다양한 전도용품
⑬ 철저한 전도교육	⑭ 관심과 열정	⑮ 포기할 수 없는 소망	⑯ 강력한 목회적 지도력
⑰ 영혼 사랑의 정신	⑱ 성도들의 호응	⑲ 사명감과 소명감	⑳ 아낌 없는 헌신

3. 기도하기

① 한국교회가 이웃과 세상을 변혁시키는 생명의 공동체가 되게 하옵소서.
② 성령께서 우리 가운데 임하셔서 삶의 자리를 변화시켜 주옵소서.
③ 영혼에 대한 사랑, 생명에 대한 소중함, 그리고 복음의 열정을 회복시켜 주옵소서.

전도학습 TIP

1. 조별 나눔은 그동안 배운 것을 반복학습 형식으로 기억하며, 학습내용에 대한 자신의 생각을 나눈다.
2. 적용하기는 학습내용에 대한 질문을 통해서 자신을 성찰하고, 문제상황을 파악한다.
3. 기도하기는 학습내용을 바탕으로 함께 기도제목을 나눈다.

주간 전도과제

1. 전도유형

전도방법	☐ 개인	☐ 그룹(2인 이상)
참석자		

2. 전도실천

전도대상	☐ 자주 교제하거나 연락하는 사이 ☐ 가끔 교제하는 사람 ☐ 안면 있는 사람 ☐ 이웃 또는 직장동료 ☐ 불신자 가족 또는 지인 ☐ 기타 ( )
기도하기	☐ 하루 10분 ☐ 하루 30분 ☐ 하루 1시간 이상 ■ 한 주간 총 기도시간 = 시간 분
전화(SNS) 연락	☐ 1명 ☐ 2명 ☐ 3명 이상 ☐ 단체 문자 또는 카톡방(10명 이상) ☐ 한 주간 ( )명
전도하기	주일 | 월 | 화 | 수 | 목 | 금 | 토
사랑나눔	▶베푸는 사랑(음식, 선물, 축하, 섬김 등) ▶띄우는 사랑(전도지, 편지, 문자 등) ▶만나는 사랑(식사, 취미활동<운동, 여행 등>, 장보기, 영화관람 등)

3. 전도 대상자

순번	이름	성별 남	성별 여	연락처	주소(거주지역)	재방문	등록
1							
2							
3							
4							
5							
6							
7							
8							
9							
10							

총회전도학교
훈련교재

인도자용

전도의 실제

06 전도자가 갖추어야 할 예절
07 비대면 상황에서의 전도전략
08 거리 전도
09 관계 전도
10 부록

06 전도자가 갖추어야 할 예절

1. 전도 대상(불신자〈구도자〉, 가나안 성도, 플로팅 크리스천)에 대한 이해
2. 전도 대상 지역에 대한 이해
3. 전도자가 갖추어야 할 예절

〈변증가의 저녁기도〉

저의 온갖 초라한 패배와
오, 무엇보다 제가 거뒀다고 생각하는 온갖 승리와
당신을 대신한답시고 키워낸 영리한 논리,
청중은 웃기고 천사들은 울린 그 논리와
당신의 신성을 뒷받침하는 저의 온갖 증명으로부터
저를 구원하소서. 표적을 주시지 않는 주여.

생각은 동전에 불과한 것.
제가 당신 대신 당신의 얼굴이 새겨진
그 닳고 닳은 이미지를 신뢰하지 않게 하소서.
오 아름다운 침묵이시여, 이곳에 임하여 주소서.
오셔서 당신에 대한 생각을 비롯한
제 모든 생각에서 저를 자유케 하소서.
좁은 문과 바늘귀의 주인이시여,
제 안에서 모든 천박한 이론들을 제하시어
제가 멸망하지 않도록 도우소서.

C.S. 루이스

경남 함양에서 하숙 생활을 하던 때 밥을 해 주시던 70대 할머니에게 복음을 전한 적이 있습니다. 할머니는 지나온 세월을 이야기로 흥미 있게 들려주셨습니다. 40여 년 전 남편이 남양군도에 징용갔다는 것입니다. 지금까지 젊어서 헤어진 남편의 생사를 알지 못하는 가슴 아픈 사연을 들려주셨습니다. 그래서 할머니 이야기를 다 듣고 이렇게 말을 꺼냈습니다. "할머니 지금은 고인이 되어 하늘나라에 계시는 어느 목사님께서는 할머니와 같이 한 많고 슬픔 많은 사연을 갖고 계신 분들을 위하여 이런 노래를 부르면서 위로를 주었답니다."

♬ 이팔청춘 그 꽃다운 시절도 지나고
혈기방장 그 장년도 옛말이 되누나
성공실패 꿈꾸면서 웃고 우는 그 순간에
원치 않는 그 백발이 눈서리 휘날리누나 ♬ (인생모경가)

이 노래가 끝나자 할머니 눈가에는 눈물이 고여 있었습니다. 할머니 심령을 가난한 마음으로 하나님이 바꾸어 가시는 것을 보았습니다. 이처럼 그들의 내면에 품고 있던 마음을 귀기울여 듣고 대화의 내용을 그분의 가장 큰 관심사에서 출발하는 것은 복음전도의 준비과정으로 매우 중요합니다.[22]

---

22) 김양태, 『허리굽혀 공감하라』 (생명의말씀사, 2000).

> **디자인 씽킹(Design Thinking)**
>
> 1단계 : 지문 읽기
>   집중하기
>   속독하기
>
> 2단계 : 공감하기
>   불편함(부담감) 찾기
>   문제 파악(이해하기)
>   현재 상황(인식하기)
>
> 3단계 : 경청하기
>   팀원과 나누기
>   불편함 정의하기
>   해결방법 모색하기
>
> 4단계 : 아이디어
>   아이디어 구상하기
>   키워드 디자인하기
>   좋은 방법 제안하기

전도학습 TIP

이웃이나 지인, 또는 믿지 않는 불신자들과 대화 속에서 서로 공감하며 위로했던 경험을 함께 나눈다. 그리고 전도할 때, 자신의 행동이나 예절이 부족하여 실수한 적은 없는지 생각해 보고, 디자인 씽킹을 활용하여 전도할 때의 예절에 대하여 실천적인 방법을 나눈다.

1. 전도 대상(불신자〈구도자〉, 가나안 성도, 플로팅 크리스천)에 대한 이해

1. 구도자 : 진리나 종교적인 깨달음을 얻기 위해 수행하는 사람

① '구도자'란?

'구도자'(求道者)란 하나님의 말씀과 성령의 질책을 받아 죄를 깨닫고 괴로워하면서 그 죄를 용서받기 위해 그리스도를 찾아가는 사람을 말한다. 즉, 복음이 전파되는 과정에서 하나님의 말씀과 성령을 통해서 자신의 죄를 깨닫고 진리를 배우려고 하는 사람을 가리킨다. 또한 교회 밖에 있는 불신자로서 특히 인생의 의미와 가치를 찾고 있는 사람들을 의미하기도 한다.

② 구도자의 다양성

아직 불신자이지만 진리나 깨달음을 구하는 사람을 뜻하기도 한다. 불교에서는 '도를 닦는 사람'을 구도자라고 부른다.

2. 가나안 성도 : 신앙이 있지만, 교회에 출석하지 않는 기독교인

① '가나안 성도'란?

'가나안 성도'란 개신교인으로서의 정체성은 가지고 있지만 현재 교회에 출석하지 않는 사람들을 일컫는 말이다. 또한 '가나안'이라는 표현은 '안 나가'를 거꾸로 뒤집은 말로써, 한때 교회에 출석했으나 현재는 출석하지 않는 성도를 일컫는 언어유희로 쓰이는 표현이다.

② 가나안 성도가 존재할 수 있는가?

'교회 밖에는 구원이 없다'는 말은 하나님 앞에서 개인의 신앙을 중요하게 여기는 개신교 신학과 딱 맞아떨어지는 것은 아니다. 그렇다고 해서 개신교가 교회의 중요성을 부정하는 것은 아니며, 교회를 하나님의 말씀과 은혜가 선포되는 공동체로서 소중히 여긴다. 그러나 '교회만이 구원의 통로다'라는 말에는 한계가 있다. 따라서 '교회에 출석하지 않는 기독교인'이 이론적으로 존재할 수 있다고 볼 수 있다.

③ 가나안 성도가 증가하는 이유?

첫째, 한국 사회가 빠르게 변화하면서 전통적인 교회 모델에 대한 매력이 떨어지고 있다. 둘째, 기성 교회에서 발생한 여러 가지 문제들(예: 성추행, 재정 비리 등)이 가나안 성도를 양산하는 데 한몫했다. 셋째, 젊은 세대들은 기존의 교회 문화에 익숙하지 않으며 자신에게 맞는 새로운 형태의 교회를 찾고 있다.

> 실제로 미국의 사례를 보면 이미 'Believing without Belonging'(소속 없는 신앙) 혹은 'Unchurched Christian'(교회 없는 크리스천) 같은 표현이 널리 사용되고 있다. 이 말은 이미 유럽의 세속화된 기독교 사회에서 교회를 안 나가면서도 기독교적 문화 속에서 살아가는 사람들을 구분하기 위해 사용된다.[23]

---

23) 양희송, "'가나안 성도'와 새로운 신앙의 방향," 『갈 길 잃은 현대인의 영성(소속 없는 신앙의 모습)』 (서울: 목회사회학연구소 공개세미나자료집), 2013. 4. 25, p. 36.

3. 플로팅 크리스천 : 여기저기 떠도는 크리스천

① '플로팅 크리스천'이란?

'붕 떠 있는 크리스천'이라는 뜻으로, 코로나19 팬데믹 기간 동안 상당히 많은 크리스천들이 온라인이나 방송을 통해 예배를 드리거나 일시적으로 예배에 참석하지 않고 있는 현상을 빗댄 신조어다.

② 플로팅 크리스천의 특징

코로나19 팬데믹으로 인해 비록 신앙생활의 고정적인 패턴이 바뀌었을지라도 여전히 신앙생활 자체를 포기하지 않고 영적인 것을 추구하는 사람들이다. 다만, 이들은 반드시 교회에서 그것을 추구하려 하지는 않는다.

③ '플로팅 예배'란?

플로팅 크리스천들이 드리는 예배를 뜻한다.

---

① 불신자란?

불신자는 아닐 불(不), 믿을 신(信), 사람 자(者)로 믿지 않는 사람을 뜻한다. 즉, 불신자는 하나님이 존재하지 않는다고 믿거나, 하나님의 존재는 믿더라도 개신교의 가르침을 믿지 않는 사람이다.

② 불신자의 다양성

신자의 반대인 불신자, 기독교인의 반대인 비기독교인, 크리스천의 반대인 넌크리스천으로 이들을 표현한다. 어떤 교회는 이들이 아직 진리를 찾지 못하였기에 진리를 '찾는 이'라는 긍정적인 단어를 쓰기도 하고, 매우 중요한 사람이란 의미로 VIP라고 명명하기도 한다.

전도학습 TIP

현재 시대의 변화에 따른 불신자에 대한 다양한 개념과 생각을 함께 나눈다.

2. 전도 대상 지역에 대한 이해

1. 전도 대상 지역 : 전도 대상이 아니라 섬김이 필요한 곳이다.

① 전도 대상 지역을 이해하는 몇 가지 팁

전도 대상 지역을 연구하고 그 지역의 역사, 문화, 종교에 대해 배울 수 있다. 지역 주민들과 이야기하면서 그들의 삶과 그들이 무엇을 믿는지에 대해 배울 수도 있다.

- 지역을 조사하고 지역 주민들과 이야기하라.
- 그들이 무엇을 믿는지, 무엇을 필요로 하는지 이해하라.
- 그들에게 어떻게 접근해야 하는지 이해하라.
- 인내심과 이해심을 가지고 그들을 존중하라.

② 전도 대상 지역은 어떤 곳인가?

전도 대상 지역은 전도가 필요한 지역이다. 여기에는 교회가 없는 지역, 교회가 있지만 회중이 없는 지역, 교회가 있지만 교인이 활동적이지 않은 지역이 포함될 수 있다. 전도 대상 지역은 도시, 시골, 교외 지역 등 어디에나 있을 수 있다.

> 전도 대상 지역은 종종 빈곤, 실업, 범죄와 같은 문제에 처해 있다. 사람들이 낙담하고 절망감을 느낄 수 있는 곳이다. 또한 사람들이 희망과 목적을 찾을 수 있는 곳이 될 수 있다.
> 전도 대상 지역은 교회와 기독교인의 사랑이 필요한 곳이다. 그들이 하나님의 말씀과 그의 사랑을 들을 수 있는 곳이 될 수 있다. 또한 하나님이 그들의 삶을 변화시키시는 곳이 될 수 있다.
> 전도 대상 지역은 교회와 기독교인의 도전이 필요한 곳이다. 그들은 겸손과 사랑으로 섬기고 헌신하는 데 어려움을 겪을 수도 있다. 또한 교회와 기독교인의 믿음을 증명할 수 있는 곳이 될 수 있다.
> 교회와 기독교인은 전도 대상 지역에서 희망과 목적, 그리고 사랑과 긍정을 가져다줄 수 있다. 또한 긍정적인 변화를 이끄는 등 중요한 역할을 할 수 있다.

2. 다양한 계층 : 전도를 위해서는 다양한 계층에 대한 이해와 섬김이 필요하다.

① 어린아이들

아직 성장 중이기 때문에 그들의 순수함과 사고 수준에 눈높이를 맞추는 것이 중요하다. 간단하고 명확한 언어를 사용하고 그들의 질문에 인내심 있게 답해야 한다. 또한 그들이 안전하고 사랑받고 있다고 느끼도록 하는 것이 중요하다.

② 노인들
인생의 경험이 많고 지혜를 가지고 있다. 그들에게 기독교에 대해 이야기할 때는 그들의 경험을 존중함으로 대화할 준비가 되어 있어야 한다.

③ 소외계층
그들이 어려움을 겪고 있음을 기억하는 것이 중요하다. 그들에게 연민을 갖고 그들의 필요를 도울 의향이 있음을 보여 주어야 한다.

④ 장애가 있는 사람들
인내심과 이해심을 갖고 그들이 장애를 극복하는 데 도움을 주는 것이 중요하다. 또한 그들이 존중받고 있다고 느끼도록 해야 한다.

⑤ 이민자들
새로운 나라에 적응하는 과정에서 혼란을 느낄 수 있음을 기억하는 것이 중요하다. 그들에게 환영과 친절을 베풀고 그들이 집처럼 느끼도록 하여야 한다.

> <다양한 계층을 이해하고 섬기기 위한 몇 가지 팁>
> ① 다양한 계층의 사람들과 이야기하라.
> ② 다양한 계층의 사람들의 문화를 연구하라.
> ③ 다양한 계층의 사람들의 필요에 대해 알아보라.
> ④ 다양한 계층의 사람들을 존중하라.
> ⑤ 다양한 계층의 사람들을 섬기라.
>
> 다양한 계층에 대한 이해와 섬김은 전도에 필수적이다. 전도할 때는 항상 상대방의 입장에서 생각하고 그들의 필요를 우선시하는 것이 중요하다. 그들이 사랑받고 존중받고 이해받는다고 느낄 때 그들은 예수님에 대해 더 개방적이 될 것이다.

3. 다양한 접근방법 : 다양한 필요와 기대가치를 가지고 전도 접촉점을 찾아라.[24]

① 사람들에게 어떻게 다양한 접근방법을 시도할 수 있는가?
· 내가 만나는 대상은 어떤 특징을 가진 사람인가?
· 나이와 계층, 직업은 무엇인가?
· 그 사람은 무엇을 좋아하는가? (취미, 특징, 버릇, 특기, 근황 등)
· 대화의 주제는 무엇으로 할 것인가?
· 제일 처음 그 사람과 접촉할 때 가장 효과적인 방법은 무엇인가?

② 전도 대상자를 만나기 위한 다양한 활동을 시도하라.
· 나는 내 생활반경을 어디서 어디까지 펼치는가?
· 나는 일주일간 몇 명의 사람을 만나는가?
· 나는 사회에서 불신자를 몇 명 만나는가?
· 그렇다면 나는 주로 그 사람들과 무엇을 하는가?
· 그리고 몇 시간을 함께 보내는가? 핵심적인 대화내용은?
· 모임이나 개인적 만남을 어떻게 시도하는가?

③ 전도자는 전도 대상자를 위해 다양한 태도를 준비하고 있어야 한다.
· 전도 대상자를 선정하면 그들의 필요가 무엇인지를 잘 관찰하라.
· 어부는 고기가 어디 있는지, 어떤 먹이를 좋아하는지를 안다.
· 그러므로 어부는 다양한 그물과 미끼를 준비하고 있어야 한다.
· 헌신과 겸손을 가지고 섬김의 자세를 잊어서는 안 된다.

④ 전도 대상자들을 다양한 유형으로 구분하라.
· 전도 대상자들 중에는 언제나 다양한 유형이 있다.
· 처음 믿는 사람인가, 아니면 예전에는 믿었던 사람인가를 구분하라.
· 지금 우리 교회에 새로 나오는 사람은 어떤 유형인가? 구분하라.

---

24) 김인기, "전도운동 어떻게 적용할 것인가," (기도한국 2009 전략기획세미나자료집), 『기독신문』, 2009. 3, 기사 재인용.

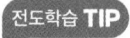
전도에 대한 다양한 접근방법에 대해 실제사례 등을 통하여 경험을 나눈다.

3. 전도자가 갖추어야 할 예절

1. 전도의 기본 예절 : 전도는 복음을 다른 사람에게 전파하는 것이다.

① 적절한 시간과 장소를 선택하라.
② 존중하는 태도를 가지라.
③ 적절한 언어를 사용하라.
④ 인내심을 가지라.
⑤ 거절에도 예의를 갖추라.
⑥ 친절하라.
⑦ 겸손하라.
⑧ 신실하라.
⑨ 사랑하라.

> 전도는 복음을 다른 사람에게 전파하는 것이다. 다른 사람에게 자신의 신념을 강요하는 것이 아니라, 그들에게 하나님의 사랑과 구원의 소식을 전하는 것이다. 따라서 전도를 할 때는 예의 바르고 존중하는 태도를 갖는 것이 중요하다. 다음은 전도할 때 갖추어야 할 예의에 대한 설명이다.

2. 전도하기 전 : 전도 대상자를 만날 때 외양을 단정하게 하라.

① 첫인상이 중요하다.
② 머리카락이 헝클어지지 않도록 단정하게 하라.
③ 식사 후 양치를 하고 만나라. 급할 경우 가글을 하라.
④ 옷은 가볍게 입어도 좋고, 정장 차림을 해도 좋다.
⑤ 시선을 빼앗게 되는 명품류의 액세서리는 하지 않는 것이 좋다.

3. 전도하러 갈 때 : 전도 대상자를 만나러 갈 때 둘씩 가는 것이 좋다.

① 주님이 정하신 방법이다.

② 두 명씩 가면 사람에 대한 두려움이 반감된다.

③ 동성끼리 가는 것이 좋으나 혼성일 경우 셋 이상이 좋다.

④ 기도 후원자를 선정하고, 기도 요청을 하라.

⑤ 한 명이 주도하여 이야기를 나누고, 다른 한 사람은 미소를 띠며 이야기를 듣되 마음속으로 전도자와 전도 대상자를 위해 기도한다.

⑥ 전도자의 말이 막힐 경우, 보충설명을 해 주어도 좋다.

⑦ 나와 함께 전도하는 전도의 짝은 나의 귀한 동역자이다.

⑧ 나의 전도를 돕는 기도 후원자도 나의 귀한 동역자이다.

⑨ 나의 전도의 짝은 _____ 이며,
　　나의 전도 기도 후원자는 _____ , _____ 이다.

> 자신의 전도짝과 기도 후원자를 작정한다.

4. 첫 만남 : 상대방을 위하여 긍정의 말을 시도한다.

① 가볍게 목례로 인사를 한다.

② 처음 만났을 때 가볍게 칭찬으로 대화를 시작한다.

③ 억지로 칭찬하는 것처럼 보이지 않아야 한다.

④ 상대방의 약점이 되는 것은 절대 말하지 않는다.

⑤ 직업과 외모에 대해 타인과 비교하여 말하지 않는다.

⑥ 간단한 인터뷰는 할 수 있으나, 세밀한 내용은 묻지 않는다.

⑦ 대답하기 곤란한 질문은 하지 않는다.

⑧ 자신을 간단히 소개하고 이야기를 진행한다.

> "웃는 모습이 좋습니다.", "패션이 잘 어울립니다.", "넥타이 색이 좋습니다." 등 상대방을 위하여 긍정의 말을 시도한다.

5. 부정적일 때 : 상대방의 대화에 공감한다.

① 일단 전도 대상자의 말에 동의하라.

② 상대방의 감정에 공감한다. ("그러셨구나.", "일리가 있습니다." 등)

③ 부정적인 반응을 할 때 흑백논리식 답변은 하지 않는다. ("불교는 안 그렇나?", "가톨릭도 마찬가지다!" 등)

④ 세상이 바라보는 기독교의 부정적인 모습에 긍정하라.

⑤ 내가 기독교를 대표하는 사람은 아니지만 잘못을 인정하고, 정중하게 미안하다고 사과하라.

⑥ 기독교의 부정적인 모습은 그 본질에서 비롯된 것이 아니라, 그것을 오용한 일부 기독교인의 잘못임을 이야기하라.

⑦ 부정적인 말을 끊거나 가로막거나 정면으로 맞서지 말아야 한다.

⑧ 부정적인 말이 틀렸다고 하지 마라.

⑨ 부정적인 의견에 반박하지 말고 '좋은 질문'이라고 여기며 경청하라.

> "교회 다니는 사람들이 더 잘못하더라고 선생님께서 말씀하시는 것을 들으니 선생님께서 속상하신 것 같기도 하고, 마음이 언짢으신 것 같기도 하군요. 저도 그런 모습이 속상합니다."라며 상대방의 말에 공감한다.

전도학습 TIP

전도의 예절과 에티켓에 관하여 서로 나눈다.

6. 질문을 할 때

① 아는 질문에는 간단하게 설명을 해 준다.

② 모르는 것은 모른다고 하라.

③ 다만, 나중에 알아보고 알려 주겠다고 이야기하라.

④ 질문에는 좋은 질문이라고 칭찬을 한다. 이야기를 경청하다 보면 지혜를 얻을 수 있으므로 기다리면서 복음을 제시하는 것도 좋다.

⑤ 논쟁은 절대 하지 마라.

⑥ 엉뚱한 질문을 할 경우, 목회자에게 물어보고 알려 주겠다고 하라.

7. 복음을 제시할 때

① 복음을 명확하고 간결하고 선명하게 전달한다.

② 5분, 10분, 20분을 전할 수 있도록 충분히 연습하라.

③ 복음을 전할 때 성령이 함께하신다는 믿음으로 전하라.

④ 전도자가 말문이 막히면 함께 동행하는 이가 보충 설명해도 된다.

⑤ 복음이 선명하게 전해지면, 그 사람의 응답을 들어야 한다.

⑥ 영접기도는 전도 대상자가 스스로 할 수 있도록 한다.

⑦ 영접기도를 하지 못할 경우 동의를 얻은 후 전도자가 기도를 도와준다.

⑧ 복음 제시 후 전도 대상자가 영접하지 않고 모르겠다면서 회피를 하거나 거절하더라도, 그럴 수 있음을 이해하고 미소를 잃지 않고 대한다.

⑨ 복음을 받아들여야 한다고 강제하여서는 안 된다. 다음 기회가 있으니 좋은 모습으로 마무리한다.

⑩ 복음을 받아들인 사람은 예배에 초청한다.

전도학습 TIP

전도는 복음을 전하는 것이며 기쁜 소식을 전하는 것이고, 복음은 예수 그리스도이다. 그러므로 전도는 예수 그리스도를 전하는 것이다. 전도는 죄인을 불러 예수 그리스도를 전하여 믿고, 구원을 받게 하는 것이다. 전도를 할 때 항상 어려움을 겪게 된다. 전도자가 자신의 실력과 능력만 믿고 전도하면 실패할 수밖에 없다. 성령님을 의지해야 한다. 성령은 하나님의 영이시고, 예수님의 영이시다. 성령님을 의지할 때 우리는 담대하고 은혜롭게 전도할 수 있게 된다.

[나눔 및 적용]

1. 조별 나눔

① 불신자, 가나안 성도, 플로팅 크리스천을 경험한 적이 있는가?

　이들에게 복음을 전한 경험이 있는가? 복음을 전하지 못했다면 그 이유는 무엇인가?

② 우리 교회가 속한 지역의 특징은 무엇인가?

　(세대, 연령, 학교, 종교시설〈타 종교〉 등, 구청 및 공공기관에서 자료를 찾을 수 있다.)

③ 전도할 때 자신의 어떤 모습이 강점이고, 어떤 모습이 단점이라고 생각하는가?

2. 적용하기

① 내 주변의 불신자, 가나안 성도, 플로팅 크리스천이 있다면 이름을 적는다.

　(가족, 친척, 친구, 직장동료, 이웃, 고객〈거래처〉 등)

② 아래의 빈칸에 표시하고, 이름을 기록한다.

나와의 관계	☐ 좋음	☐ 보통	☐ 나쁨
복음에 대한 태도	☐ 수용적	☐ 중립적	☐ 부정적
나와 좋은 관계 & 수용적			
나와 좋은 관계 & 중립적			
나와 보통 관계 & 수용적			
나와 보통 관계 & 중립적			

③ ②에서 이름을 기록한 사람들에게 예의를 갖추어 통화하거나 문자를 보내 안부를 전한다.

3. 기도하기

① 불신자, 가나안 성도들이 갖고 있는 문제들을 진실하게 바라보고 공감하게 하소서.

② 교회 주변의 사람들이 교회로부터 선한 영향력을 받아 전도되게 하소서.

③ 주변의 복음을 전할 대상자들에게 나의 삶의 태도가 아름답고 본이 되게 하소서.

> **전도학습 TIP**
>
> 1. 조별 나눔은 그동안 배운 것을 반복학습 형식으로 기억하며, 학습내용에 대한 자신의 생각을 나눈다.
> 2. 적용하기는 학습내용에 대한 질문을 통해서 자신을 성찰하고, 문제상황을 파악한다.
> 3. 기도하기는 학습내용을 바탕으로 함께 기도제목을 나눈다.

주간 전도과제

1. 전도유형

전도방법	☐ 개인　　　　　☐ 그룹(2인 이상)
참석자	

2. 전도실천

전도대상	☐ 자주 교제하거나 연락하는 사이　☐ 가끔 교제하는 사람 ☐ 안면 있는 사람　　　　　　　　☐ 이웃 또는 직장동료 ☐ 불신자 가족 또는 지인　　　　　☐ 기타 (　　　　)
기도하기	☐ 하루 10분　　☐ 하루 30분　　☐ 하루 1시간 이상 ■ 한 주간 총 기도시간 =　　시간　　분
전화(SNS) 연락	☐ 1명　　　　☐ 2명　　　　☐ 3명 이상 ☐ 단체 문자 또는 카톡방(10명 이상)　☐ 한 주간 (　　)명
전도하기	주일 | 월 | 화 | 수 | 목 | 금 | 토
사랑나눔	▶ 베푸는 사랑(음식, 선물, 축하, 섬김 등) ▶ 띄우는 사랑(전도지, 편지, 문자 등) ▶ 만나는 사랑(식사, 취미활동〈운동, 여행 등〉, 장보기, 영화관람 등)

3. 전도 대상자

순번	이름	성별 남	성별 여	연락처	주소(거주지역)	재방문	등록
1							
2							
3							
4							
5							
6							
7							
8							
9							
10							

07 비대면 상황에서의 전도전략

1. 소셜 미디어 전도사역
2. 문자 전도사역
3. 전화 전도사역
4. 비대면 전도사역
5. 지역사회를 위한 책임 전도사역

"현대 기독교가 위기에 처한 원인 중 하나는 기독교인들의 신앙과 생활이 일치하지 않는다는 데 있다. 일상생활을 통해 하나님의 나라를 나타내고 증거하는 참된 제자도는 그 어느 때보다 선교적 교회의 중요한 통로가 될 수 있다. 제자도 훈련은 교회 안에서만 아니라 평신도의 직장과 일상생활 현장에서 이뤄져야 한다."

하워드 스나이더

전도가 없는 교회는 진정한 교제가 없는 교회가 된다.

진정한 교제는 자기 자신을 돌볼 뿐만 아니라 자기 자신 너머를 보기 때문이다.

전도 없는 교회는 목회자에게 화를 낸다.

교인들은 목회자에게 돈을 주고 전도를 한다고 생각하기 때문이다.

전도 없는 교회는 사역을 하지 않는 교회가 된다.

사역을 할 교인이 점점 줄어들고 있기 때문이다.

전도 없는 교회는 성경을 떠나는 교회가 된다.

성경은 복음으로 사람을 전도하라고 분명히 가르치고 있기 때문이다.

전도 없는 교회는 선교를 적게 하는 교회가 된다.

선교할 사람이 적기 때문이다.

전도 없는 교회는 기도 없는 교회가 된다.

진정으로 기도하는 교회는 지역사회의 잃어버린 자들을 염려하기 때문이다.

- 톰 레이너(Thom S. Rainer) 목사 -

> **디자인 씽킹(Design Thinking)**
>
> 1단계 : 지문 읽기
> 　　　　집중하기
> 　　　　속독하기
>
> 2단계 : 공감하기
> 　　　　불편함(부담감) 찾기
> 　　　　문제 파악(이해하기)
> 　　　　현재 상황(인식하기)
>
> 3단계 : 경청하기
> 　　　　팀원과 나누기
> 　　　　불편함 정의하기
> 　　　　해결방법 모색하기
>
> 4단계 : 아이디어
> 　　　　아이디어 구상하기
> 　　　　키워드 디자인하기
> 　　　　좋은 방법 제안하기

전도학습 TIP

코로나19 팬데믹 이후 비대면 예배, 비대면 전도에 대한 논의가 활발하게 진행되고 있다. 비대면 전도에 대한 경험을 나눈다.

1. 소셜 미디어 전도사역

1. 소셜 미디어 전도란 무엇인가?

칼빈신학교 교수인 퀀틴 슐츠(Quentin L. Schultze)는 "소셜 미디어는 과거 사람들이 직접 대면하는 것을 꺼리던 다양한 종류의 논평과 대화를 실제로 열어 주고 있다."고 말한다. 그는 온라인 전도활동이 오프라인 전도로 이어진다고 강조한다. 특히 온라인 사역은 더 많은 사람들과 연결되고 자신의 의견을 나눌 수 있는 좋은 플랫폼이다. 온라인 세계에서 사람들은 사물에 대한 반응을 매우 빠르게 공유하고 빠른 피드백을 받을 수 있다. 지금 시대는 많은 사람들에게 스마트폰 보급이 활성화되면서 영상에 대한 수요가 기하급수적으로 늘어나고 있다. 특히 뉴노멀 시대에는 대면에 의존하는 복음전도보다 비대면으로 전달할 수 있는 짧은 영상이 전도에 더 효과적이다. 소셜 미디어 전도는 페이스북, 트위터, 링크드인, 유튜브, 인스타그램 등과 같은 소셜 미디어 채널을 사용하여 예수 그리스도의 복음을 전파하는 것이다. 이것은 예수님의 복음을 다른 사람들과 나누는 가장 좋은 방법 중 하나이다. 그러나 이를 효과적으로 수행하려면 먼저 다양한 종류의 온라인 사용자를 이해해야 한다.

우리가 만나는 온라인 사용자는 세 가지 기본 유형으로 나뉜다. 첫째, 하나님을 믿지 않는 사람들, 둘째, 기독교인이지만 교회에서 활동하지 않는 사람들, 셋째, 기독교인이며 교회에서 적극적으로 활동하는 사람들이다. 각 그룹에는 고유한 요구 사항과 욕구가 있다. 각 유형의 사람은 다양한 형태의 의사소통에 다르게 반응한다. 각 종류의 사람들의 특정한 필요에 맞게 전도 메시지를 조정해야 한다. 그리고 소셜 미디어에 충분히 팔로워가 많다면, 이미 활동 중인 소셜 미디어를 통해 교회 소식을 전할 수도 있다.

2. 소셜 미디어 전도가 중요한 이유는?

소셜 미디어 전도가 존재하기 전의 교회 사역은 대면 모임, 뉴스레터, 전단지와 같은 전통적인 커뮤니케이션 방법에 의존하여 복음을 전파해야 했다. 이러한 방법은 효과가 미미했다. 사람들은 입소문을 통해 이러한 사역에 대해 알게 되지만, 반드시 참석하는 것은 아니었다. 게다가 많은 사람들이 뉴스레터나 전단지를 읽지 않아서 중요한 메시지를 놓치는 경우도 많았다. 그러나 소셜 미디어 전도를 통해 교회는 그 어느 때보다 훨씬 더 많은 청중에게 다가갈 수 있다. 또한 교회에 대해서 전혀 들어보지 못한 자들에게 여러 정보를 공유하고, 교회는 그들의 질문에 답할 수 있다. 그리고 그들의 조언은 잠재적인 전도 대상자들과 상호 작용하는 데 도움이 될 수 있다.

3. 소셜 미디어 전도의 장단점?

가. 장점

① 소셜 미디어는 가장 많은 사람에게 대규모로 은혜의 복음을 빠르게 전달할 수 있다. 순식간에 우리는 온 세상에 "그리스도께서 우리의 죄를 위해 죽으시고 죽은 자 가운데서 살아나셨습니다."라고 선포할 수 있다. 자신의 믿음을 나누는 것이 더 쉬워진다.

② 소셜 미디어는 덜 위협적이다. 내가 공유하고 있는 내용이 상대방의 마음에 들지 않을 때, 그의 찌푸린 표정을 볼 필요가 없다. 내 메시지를 받은 사람이 '삭제'를 눌러도 그 영향을 개인적으로 느끼지 못하기 때문에 거부에 대한 두려움이 줄어든다. 또한 소셜 미디어를 통해 상대방에게 일대일로 자신의 의견을 개진할 수 있다.

③ 시각적 옵션이 있다. 영상을 보내면서 이미지, 비디오, 다이어그램 등을 추가할 수 있다. 이것은 시각적 요소를 중시하는 세대와의 소통에서 큰 장점이 된다.

나. 단점

① 누군가에게는 다른 사람들과 대화하지 않는 것에 대한 핑계가 될 수 있다. 우리는 너무 빨리 "페이스북, 트위터, 또는 다른 채널을 통해 뭔가 말했어요!"라고 말한다. 그것은 좋은 일일 수 있지만, 하나님은 우리가 비기독교인과 얼굴을 맞대고 구원에 대해 명확하게 이야기할 수 있는 담대함을 가지라고 요청하실 때가 있다(최소한 줌<Zoom>을 통해서라도). 소셜 미디어는 개인 대화를 통한 전도를 피하는 변명이 아니라 전도의 확장이어야 한다.

② 전도 대상자들이 그들의 진짜 문제를 말하지 않을 수 있다. 소셜 미디어를 통한 전도는 상대방과 직접 대화할 때처럼 그의 표정과 감정을 관찰하면서 질문하는 상호작용이 어렵다는 한계가 있다.

4. 소셜 미디어 전도의 성공을 위한 단계

① 1단계 - 해결할 문제를 찾는다.

전도하기 전에 해결할 문제를 찾아야 하는 <u>첫 번째 이유는 전도할 것이 없으면 전도할 수 없기 때문이다.</u> 우리는 전도할 때 누군가의 삶을 변화시키려고 노력한다. 이것은 우리가 그들의 질문에 대한 답을 제공하거나 그들의 문제를 해결하려고 노력해야 한다는 것을 의미한다. <u>두 번째 이유는 세상의 모든 문제에 대한 해결책을 찾을 수 없기 때문이다.</u> 아무리 수많은 문제가 있다고 해도 문제를 하나씩 해결해야 한다. <u>셋째, 잠재적인 전도 대상자들과의 대화는 질문으로 시작되기 때문이다.</u> 누군가는 문제에 대한 해결책을 찾기 위해 구글, 유튜브, 핀터레스트, 또는 인스타그램과 같은 검색 엔진 플랫폼으로 이동할 가능성이 크다. 그러므로 전도방법을 생각할 때 전도 대상자가 어떤 문제를 해결하고 싶은지 생각해야 한다. 그리고 콘텐츠를 제작할 때 신학, 사회문제, 금기 사항, 관계, 개인 간증, 일상생활, 영적 성장, 봉사와 같은 8가지 주제를 활용하도록 한다.

② 2단계 - 청중을 파악하라.

우리가 해결해야 할 문제를 식별했으면 전도 대상자를 찾아야 한다. 우리가 어느 연령대에 초점을 맞출 것인지, 어떤 종류의 콘텐츠가 그들에게 필요한지 고민해야 한다. 예를 들어, 청년들에게 다가가려면, 성경 구절이나 영감을 주는 인용구나 영상을 공유할 수 있다. 10대에게 다가가고 싶다면, 재미있는 밈(meme)을 공유할 수 있다. "밈"이란 특정 요인에 따른 유행 전반을 통칭하는 개념으로, 온라인이 발달함에 따라 텍스트에 국한되지 않고 사진이나 영상 등 여러 미디어를 넘나드는 특징이 있다. 청중을 파악하면 가장 적합한 소셜 미디어 플랫폼을 찾는 데도 도움이 된다.

③ 3단계 - 플랫폼을 이해하라.
온라인에서 복음을 나누기 전에 어떤 유형의 플랫폼을 사용할 것인지 이해해야 한다. 소셜 미디어 플랫폼에는 3가지 주요 유형이 있다.

A. 페이스북: 가장 많은 사람들이 시간을 보내는 플랫폼이다. 페이스북은 친구와 가족이 연결되고 정보를 공유하는 형태로 시작되었다. 전 세계적으로 약 30억 명의 사용자가 있다. 40대 이상의 전도 대상자들에게 좋은 도구이다.

B. 트위터: 트윗이라는 짧은 메시지를 보낼 수 있는 마이크로 블로깅(Microblogging) 플랫폼이다. 이것은 인터넷 블로거가 올린 단편적 정보를 해당 블로그에 관심 있는 개인들에게 실시간으로 전달하는 방식이다. 트위터는 유명인들이 팬들과 직접 소통할 수 있는 방법으로 만들어졌다. 그 이후로 네트워크 외부의 사람들에게 도달하기 위한 효과적인 도구로 발전했다.

C. 인스타그램: 인기 있는 사진 공유 앱이다. 인스타그램이 인기 있는 가장 큰 이유는 사진을 통해 각자의 삶을 보여 줄 수 있다는 점이다. 40대 이하의 사용자에게 유용하다.

④ 4단계 - 양질의 콘텐츠를 만든다.
양질의 콘텐츠는 전도 대상자에게 다가가는 열쇠이다. 따라서 매력적이고 관련성 있으며 흥미로운 콘텐츠를 만들어야 한다. 전도 대상자가 어떤 종류의 콘텐츠를 읽거나 보고 싶어 하는지 항상 염두에 두어야 한다. 그들이 엔터테인먼트를 찾고 있다면 재미있는 콘텐츠를, 교육 콘텐츠를 찾고 있다면 교육에 대한 자료를 제공해야 한다.

⑤ 5단계 - 정기적으로 게시한다.

정기적으로 게시하는 것은 팔로워(follower, 뒤따르는 사람)에게 우리의 존재를 알리는 데 필수적이다. 우리의 목표는 청중과 신뢰를 구축하는 것이며, 임의의 게시물을 게시하는 것만으로는 이를 달성할 수 없다.

⑥ 6단계 - 진정성이 있어야 한다.

온라인에서 복음을 나눌 때 진정성이 있어야 한다. 모든 것을 다 아는 거룩한 사람인 척하지 말아야 한다. 사람들은 자신의 가치와 신념을 공유하는 이들과 연결되기를 원한다.

⑦ 7단계 - 다른 사람들과 교류하라.

다른 사람들과 교류하는 것은 접근성을 높이는 또 다른 방법이다. 다른 사람들의 게시물에 댓글을 달고 그들과 상호작용해야 한다. 이로써 그들이 말하는 내용에 관심이 있음을 보여 준다. 다른 사람들과 교류하면 관계를 구축하는 데 도움이 되고 잠재적 팔로워를 만날 수 있다.

⑧ 8단계 - 게시물을 홍보한다.

게시물을 홍보하는 것은 트래픽(조회수)을 늘리는 효과적인 방법이다. 게시물에 대한 링크를 직접 공유하거나, 광고 서비스를 이용해 유료로 홍보할 수도 있다.

⑨ 9단계 - 결과를 평가한다.

얼마나 많은 '좋아요!'를 받았는지, 얼마나 많은 사람이 자신의 의견에 응답하는지를 측정해 보는 것이다. 이것들은 성공적인 소셜 미디어 전도가 되기 위한 팁 중 일부에 불과하다. 우리의 목표는 청중에게 도달하여 복음을 나누는 것이다.

2. 문자 전도사역

1. 문자를 보낼 때 적절한 에티켓

지금 시대에는 길모퉁이에 서서 사람들에게 소리를 지르거나 위협적인 언어로 복음을 전하는 것은 효과적인 방법이 아닐 수 있다. 우리는 먼저 전도 대상자들과 관계를 맺는 새로운 방법을 찾아야 한다. 그중에 하나가 문자를 보내는 것이다.

과거에 우리는 상대방과 공감하고 이해하기 위해 편지를 사용했다. 하지만, 지금은 무료 문자(카카오톡 문자 포함)를 활용해서 자신의 의견을 개진하고 타인의 아픔에 공감할 수 있다. 특히 문자를 보내면서 복음을 전할 수 있는 아름다운 영상이나 고통 속에 있는 자들을 위로하는 글을 첨부할 수 있다. 또한 한 주를 시작하며 격려를 담은 문자나 설교 요약을 통해 그들의 마음을 격려할 수도 있다. 그런데, 요즈음 문자 메시지가 일상화되면서 오히려 소통에 장벽이 생기기도 한다. 그중에 하나는 과도한 메시지 발송으로 자칫 스팸처럼 보이는 것이다. 메시지에는 여백의 미학이 있어야 하는데, 무작정 많은 글을 보내면 그들의 마음이 변화될 것이라고 오해한다. 또 하나의 장벽은 서로 만나서 이야기할 때는 생기지 않을 오해가 생긴다는 것이다. 우리가 만날 때 나타나는 표정이나 억양이 글에 생략되다 보니 다른 의미로 전달될 수 있다. 더 나아가 상대방의 분주함을 파악하지 못하고 그 상황에 맞추어서 소통하지 못해 서로 불편한 경우가 발생할 수 있다. 그러므로 문자를 보낼 때 다음과 같은 적절한 에티켓이 필요하다.

① 쓰기 전에 생각하라.

문자를 보내기 전에 무엇을 얻고자 함인지, 그리고 그 문자가 효율적일지를 생각해야 한다. 예를 들어, 만일 누군가의 문제를 해결하려고 한다면, 문자 대신에 전화를 거는 것이 효율적일 수도 있다. 만일 누군가에게 어떤 과정을 설명할 필요가 있다면, 문자보다 직접 보여 주는 것이 더 효과적이다. 또한 동료에게 급한 문제를 이야기할 때에는 개인적으로 대화하는 것이 좋다.

② 간단하게 써라.

문자는 간단한 요구나 메시지에 가장 적합하다. 그러므로 문자를 보낼 때 동시에 몇 가지 사안을 함께 보내지 않는 것이 좋다. 왜냐하면 전도 대상자가 문자를 읽으면서 발신자가 원래 말하려고 하던 메시지를 잊어버리기 때문이다.

③ 짧게 써라.

사람들이 문자를 좋아하는 이유는 빠르고 쉽기 때문이다. 하지만 길고 복잡한 메시지는 집중력을 떨어뜨린다. 구글의 최신 연구결과에 따르면 인간의 주의집중 시간은 약 8초라고 한다. 그러므로 글을 쓰는 사람이 군더더기를 없애야 한다. 버톨로는 "만일 문자의 길이가 12줄을 넘고 줄거리(threads)가 두 개를 넘어가면 모든 사람들의 시간을 낭비하는 것이고 메시지의 정확도를 떨어뜨린다!"고 말했다.

④ 문자를 구조화(부분적 요소나 내용이 서로 관련되어 통일되는 것)하라.

매력적인 문자는 도입, 본문, 결론이 잘 갖춰져야 한다. 본문에서는 문자의 목적이 분명하게 드러나야 하며, 동시에 상세한 내용이나 필요한 조치 등을 함께 밝혀야 한다. 버톨로에 따르면, 문장은 15단어 이하가 적절하며, 세 개나 네 개 이상의 구두점이 찍혀야 한다. 또한 도입 문단과 결론 문단을 합쳐 7줄이 넘지 말아야 하며, 본론은 5줄을 넘지 않는 것이 좋다.

⑤ 사람들을 방어적으로 만드는 단어나 문장은 피해라.

문자로 커뮤니케이션하는 방법은 문자를 보낸 사람의 인격을 나타내기도 한다. 비속어나 빈정거리는 말은 사용하지 말아야 한다. 혹시 우리가 이런 문자를 받았다 하더라도 전문가답게 답변해야 한다. 또한 사람들을 방어적으로 만드는 질문은 피하는 것이 좋다. 예를 들면, "왜 전화를 안 받으세요?" 같은 것이다. 이런 문제는 문자보다 전화나 직접 대화를 통해 이야기하는 것이 적절하다. "왜 그랬나요, ~~을 해야 합니다, 당신이 동의할 것이란 걸 압니다, 이해가 되지 않습니다." 등과 같은 표현은 문자 커뮤니케이션을 망치는 지름길이다.

3. 전화 전도사역

1. 전화 전도를 위해 준비해야 할 것은 무엇인가?

전화는 우리가 전도에 활용할 수 있는 좋은 도구이며 전화할 때 가장 중요한 것은 신뢰이다. 우리와 전도 대상자가 마음을 나누어야 하고, 그것으로 인해 삶을 나누면서 복음을 나누는 길이 열리기 때문이다. 특히 지금과 같이 1인 가구가 늘어나는 시대에 전화 전도는 매우 중요하다. 우리가 누군가에게 관심을 주는 것은 지친 영혼들에게 소망을 선물하는 것과 같다. 먼저, 전화 전도를 위해 우리의 연락처 중에 평상시 연락을 하지 못했던 분들을 찾으라. 그리고 오래간만에 생각났다고 하면서 안부를 묻는 전화를 하라. 그리고 첫 번째 대화가 마무리될 때쯤, 그들의 문제를 위해 기도하겠다고 전하라. 그런 관심은 자연스럽게 전도의 문을 여는 계기가 될 수 있다. 그러면 전화 전도를 위해 우리가 준비해야 할 것은 무엇인가?

① 전화 전도를 위해 기도해야 한다.
기도는 우리의 마음을 성령의 인도하심에 민감하도록 준비시킨다. 기도는 신성한 약속에 대한 성령의 속삭임을 인식하는 능력을 배양하는 것이다. 기도에 대한 D. L 무디의 글이 있다. "우리는 사람들에게 하나님에 대해 이야기하기 전에 사람에 대해 하나님께 이야기해야 한다."

② 경건 생활을 최적의 상태로 유지해야 한다.
자신을 향한 하나님의 놀라운 사랑의 진리에 머물고 있는지 점검이 필요하다. 우리는 그것이 무너지지 않도록 기도, 성경 읽기, 교회 및 지역사회 봉사와 같은 신앙훈련을 통해 헌신하는 삶의 활력을 회복하기 위한 의도적인 조치를 취해야 한다.

③ 영적 갈증에 대해 경청해야 한다.
영적인 목마름은 하나님을 찾게 하는 근본적인 동기이다. 영적인 목마름이 보이지 않으면, "주님! 주변 사람들이나 하나님을 전혀 모르는 사람들과 대화할 때 그들의 목마름에 민감하게 해 주십시오."라고 기도하라. 그리고 좋은 경청은 하나님의 형상으로 만들어진 사람의 가치를 존중하며 인정해 주는 것이다.

④ 복음적 대화를 위한 여백이 필요하다.
빌립에게 내시와 즉석에서 대화를 나누는 여유가 있었듯이, 복음적인 대화는 여백이 있으면 평범한 일상 속에서도 일어난다.

2. 전화 전도를 위해 필요한 예절은 무엇인가?

① 전화 예절의 필요성

우리는 일상생활에서 전화 없이 거의 생활할 수 없다. 현대인들은 전화를 걸고 받는 것이 일상화되어 있고, 특히 대부분의 사람들은 휴대폰을 사용해서 수시로 전화를 한다. 그러나 많은 사람들이 전화 예절을 갖추지 못하여 상대방에게 스트레스를 주거나 감정까지도 상하게 하는 경우가 종종 있다.

많은 경우, 사람들은 전화를 걸고 받는 사람의 태도를 보고 그 사람의 인격과 교양을 가늠한다. 그러므로 말 한마디 한마디를 신중히 해야 한다.

특히 전화 전도를 할 때, 인간관계에서 겪는 어려움에 귀기울여야 한다. 그의 이야기를 판단하지 말고, 이야기를 끝까지 들어주는 경청과 공감능력이 중요하다. 먼저 사람에게 관심을 가지라. 그 사람에게 개인적인 문제가 있다면, 정서적(집안 환경, 상처), 도덕적(죄의식, 교만), 지성적(진리, 지식) 문제 등을 잘 경청하고, 위로를 통한 치유를 우선해야 한다. 또한 전화로 교회에서 진행되는 여러 유익한 사역을 알린다. 문화센터나 자녀교육, 부모교육 등에 대해서 전화로 소개할 수 있다. 그리고 반드시 사랑하는 마음으로, 그 사람의 의지를 존중해야 한다. 하나님도 강제로 당신의 마음을 열지 않으셨다.

② 교양 있는 전화 수칙

1) 통화 시 안정된 심성을 유지하라.
   ⓐ 먼저 상대방을 위해 간단하게 기도한 후 마음을 가다듬으라. (호흡을 가다듬는다.)
   ⓑ 통화 중에는 부드럽고 명확하고 안정된 음성과 자세를 유지하라. (너무 잠긴 음성, 졸린 음성, 가쁜 음성은 좋지 않다.)
   ⓒ 본인의 건강이나 기분이 좋지 않을 때는 가급적 전화를 피하라.

2) 처음 전화를 받을 사람이 누구일지를 예상하라.
   ⓐ 예의 바른 말 한마디가 그를 신앙인으로 만들 수 있다.
      - 부모가 받을지, 배우자가 받을지, 자녀가 받을지를 깊이 생각하라.
   ⓑ 전화를 받는 사람의 상황을 배려하라.
      - 출퇴근 시간, 식사시간, 취침시간, 기상시간 등을 고려해야 한다.
      - 전화를 받는 사람이 바쁠 경우에, 전화는 폐가 될 수도 있다.

- 사정이 확실하지 않으면 물어보고 나중에 다시 걸겠다고 하는 것이 좋다.
3) 통화할 내용을 미리 준비하라.
   ⓐ 전화를 걸고 할 말이 없어 머뭇거리다가 당황해 말고 미리 할 말을 준비하라.
   ⓑ 안부 상황(날씨, 건강), 주일예배 상황, 부탁한 기도제목, 자녀들에 대해서 질문하라.
   ⓒ 전화를 할 때는 가능하면 상대방의 장점을 간단히 언급하면 좋다. (인상, 음성, 하나님의 마음 등)
   ⓓ 지난주 교제한 내용을 간단히 확인하라. (말씀 읽기, 기도생활 등)
4) 전화 내용은 반드시 메모하는 습관을 가져야 한다.
   ⓐ 메모를 할 수 있게 메모지와 펜을 항상 전화기 옆에 준비하고 왼손은 전화기를 들고 오른손으로는 메모를 한다. 누구나 듣고도 금방 쉽게 잊어버릴 수 있기 때문이다.
   ⓑ 전화를 끊기 전 약속을 다시 확인하는 것이 좋다.
5) 기타 유의 사항
   ⓐ 전화로 개인의 신상에 관해 지나치게 속속들이 캐묻는 것은 무례한 일이다. 전화 받는 상대방이 대답하기 싫어하면 눈치를 채고 그 선에서 끝내야 한다.
   ⓑ 마음에서 우러나는 상냥한 목소리로 친절하게 전화를 걸고 받아야 한다.
   ⓒ 소리를 너무 크게 하거나 말을 너무 빨리하지 않고 상대가 알아들을 수 있도록 천천히, 분명히 말해야 내용을 확실하게 전달할 수 있다.

③ **전화할 때의 노하우**
1) 상대방을 칭찬하라! 무조건적인 칭찬은 또 다른 무시로 느껴지기 쉽다. 반드시 근거 있는 칭찬이 중요하다. 상대방의 의견을 존중하는 것도 칭찬이다.
2) 나의 의견을 말하라. "성경에는", "내 생각에는"이라는 표현이 중요하다. 겸손한 표현들이기 때문이다. 그리고 진리에 관하여 설명하면 된다.
3) 반대의견을 들었을 때의 주의 사항
   ⓐ 당황하지 마라.
   ⓑ 상대방을 무시하는 언행을 삼가라.
   ⓒ 모르는 것은 모른다고 솔직히 말하라.
   ⓓ 질문에 대해 간단하게 답을 하고 본 주제에 맞추어 계속 진행하라.

ⓔ 나의 경험들도 들려주라.
ⓕ 설교하지 마라.
ⓖ 서로 묻고 답하는 대화를 하라.

4. 비대면 전도사역

비대면 전도사역은 코로나19 이후 더욱 활성화된 방식으로, 온라인 플랫폼과 디지털 기술을 활용해 복음을 전하는 방법이다. 교회들은 화상회의, 소셜 네트워크, 자체 온라인 플랫폼 등을 통해 신앙 공동체를 유지하고 있으며, 미국에서는 이러한 방식이 더욱 발전하여 온라인 생태계를 형성하는 사례도 있다.
한국에서도 교회들이 온·오프라인을 병행하는 방식으로 비대면 사역을 강화하고 있으며, '복음의 전함'의 "들어볼까"와 같은 전도 플랫폼을 구축하여 보다 체계적인 전도 형태를 구상하고 있다. 또한, 교회 소모임에 참여하기 어려운 성도들을 위한 온라인 커뮤니티를 운영하여 신앙적 교감을 형성하는 사례도 있다.
비대면 사역은 확장성과 접근성이 뛰어나지만, 교인 참여의 지속성이 떨어질 수 있다는 단점도 있다. 따라서 온라인을 복음 전파의 촉매제로 삼고, 온·오프라인 교회가 함께 융합하는 방향이 중요하다는 의견이 많다.

1. 비대면 전도사역의 특징

① 온라인 플랫폼 활용

비대면 전도사역은 온라인 플랫폼을 통해 복음을 전하는 것을 의미한다. 예시로 '복음의 전함'의 "들어볼까"와 같은 온라인 전도 플랫폼이 있다.

② 온라인 광고 활용

교회들은 온라인 광고를 통해 비기독교인들에게 복음을 전하고, 교회에 대한 정보를 제공한다.

③ 비대면 소통 강화

온라인 채팅, 영상 통화, 소셜 미디어 등을 통해 비대면으로 소통하고 교회를 알린다.

④ 새로운 방식의 전도

기존의 대면전도 방식과는 다른 새로운 방식으로 전도사역을 펼칠 수 있다.

2. 비대면 전도사역의 필요성

① 코로나19 팬데믹
코로나19로 인해 대면 활동이 어려워지면서, 교회는 새로운 방식으로 전도사역을 펼쳐야 할 필요성이 대두되었다.

② 새로운 세대 공략
젊은 세대는 온라인 환경에 익숙하므로, 비대면 전도사역은 새로운 세대를 공략하는 데 효과적이다.

③ 더 많은 사람들에게 복음 전하기
비대면 전도사역을 통해 지리적 제한 없이 더 많은 사람들에게 복음을 전할 수 있는 기회가 넓어진다.

3. 비대면 전도사역의 과제

① 온라인 환경에 대한 이해
온라인 환경에 대한 이해가 부족한 경우, 효과적인 비대면 전도사역을 펼치기가 어렵다.

② 온라인 사역에 대한 전문성
비대면 전도사역은 전문적인 온라인 사역 기술이 필요하다.

③ 실제 만남의 중요성
비대면 사역으로 관계를 맺더라도, 실제 만남이 중요하다.

4. 비대면 전도에서 효과적인 온라인 도구 활용 소개

① 화상회의 플랫폼
Zoom, Google Meet, Microsoft Teams와 같은 도구는 실시간으로 소통하며 복음을 전하는 데 유용하다. 화면 공유 기능을 통해 자료를 공유하거나, 그룹 토론을 진행할 수 있다.

② 소셜 미디어 플랫폼
페이스북, 인스타그램, 트위터는 넓은 네트워크를 형성하고, 비기독교인들과의 소통을 강화하는 데 효과적이다. 특히, 짧은 영상이나 이미지 콘텐츠를 통해 메시지를 전달할 수 있다.

③ 협업 도구
Miro와 Mural은 비대면 워크숍이나 퍼실리테이션에 적합하며, 시각적 협업을 통해 복음전도 활동을 체계적으로 진행할 수 있다.

④ 온라인 광고
Google Ads나 페이스북 광고를 활용해 비기독교인들에게 복음을 전하고 교회 정보를 제공할 수 있다.

5. 비대면 전도의 사례

비대면 전도의 사례는 다양한 방식으로 나타나고 있다. 몇 가지 흥미로운 사례를 소개한다.

① 모바일 전도지 활용
'그리심 모바일 전도지'는 휴대폰 번호만으로 문자나 카톡을 통해 전도지를 보낼 수 있는 디지털 전도 방식이다. 이미지와 텍스트를 결합해 흥미롭게 복음을 전달하며, 교회 맞춤형 콘텐츠로도 제작 가능하다.

② 유튜브 채널 운영
'번개탄TV'는 찬양, 말씀, 소통을 위한 프로그램을 운영하며, 코로나19 팬데믹 이후 온라인 전도를 적극적으로 활용한 사례이다. 다양한 콘텐츠를 통해 다음 세대와의 소통을 강화하고 있다.

③ 언택트 플랫폼 접목
'태신자 전도운동'을 언택트 플랫폼과 결합하여 SNS와 모바일 앱을 통해 전도 대상자와 소통하고 있다. 이를 통해 많은 사람들이 복음을 접하고 예수님을 영접하는 결과를 얻었다.

④ SNS 활용

페이스북, 인스타그램, 트위터와 같은 소셜 미디어를 통해 짧은 영상, 이미지 콘텐츠를 제작하여 복음을 전한다.

⑤ 광고 캠페인 활용

선교단체 '복음의 전함'은 "대한민국 방방곡곡 복음 심기" 광고 캠페인을 통해 버스와 택시에 복음광고를 실어 비대면으로 복음을 전하는 프로젝트를 진행했다. 기독교 연예인들과 사진작가들의 재능 기부로 이루어진 캠페인으로 대중에게 자연스럽게 복음을 전달하는 방식이다.

⑥ 온라인 예배 및 상담 활용

교회 홈페이지나 줌(Zoom) 같은 화상회의 플랫폼을 활용하여 온라인 예배를 진행하는 방식이다. 온라인 상담을 통해 신앙에 대한 궁금증을 해결하고, 개인적인 고민을 나누며 복음을 전할 수 있다. 일부 교회에서는 메타버스 예배를 도입하여 가상공간에서 신앙 공동체를 형성하기도 한다. 이 외에도 다양한 방식이 존재하며, 각각의 방식은 대상과 상황에 따라 다르게 적용되고 있다.

⑦ 기타 비대면 전도활용의 예

행정복지센터와 연결해서 진행된 독거노인 우유배달, 학습지 지원, 주거환경 개선사업, 어려운 이를 섬기는 운동(가칭, 천사운동) 홍보, 비대면 쓰레기 줍기 플로깅(Plogging), 문화공연이나 바자회 등의 수익 나누기, 의류 기증, 구운 식품 전달 등이 있다.

5. 지역사회를 위한 책임 전도사역

1. 지역 거점형 관계 전도: 지역주민의 참여로 만드는 사랑방 역할을 감당한다.

① 학습 동아리 제공　　② 자기 주도 학습센터 기능
③ 사랑 나눔 봉사활동　　④ 기타

사람들은 연결이 필요하다. 교인들이 지역사회에서 소금과 빛으로 살아가도록 기능하는 책임적인 전도가 필요하다. 로버트 헨드릭스(Robert Hendriks)는 "이웃에 대한 우리의 사랑은 그 어느 때보다 강하며, 사실 우리는 그 어느 때보다 서로가 더 필요하다고 생각한다."고 말한다. 그때 우리의 소금과 빛의 역할은 친절한 행동, 교회 근처의 지역행사 및 지역기관과의 협력 등의 형태를 띨 수 있다. 그런 행동은 예수님이 우리에게 가르쳐 주신 자비의 행동이다. 지역사회를 위한 책임적인 전도가 되기 위해 그곳의 필요를 구체적으로 확인해야 한다. 가장 긴밀히 파악할 수 있는 곳은 행정복지센터이다. 복지과에 가면 여러 가지 필요들을 상세히 알 수 있다.

지역사회를 효과적으로 섬기기 위해 교회 일반재정을 구분할 수 있으며, 교인들이 지역사회를 어떻게 섬길 수 있는지에 대한 교육이 필요하다. 또한 교인들이 지역사회 행사에 적극적으로 참여할 수 있도록 독려할 수 있고, 축제의 장을 교회가 격려(행운권 선물 협찬 등)할 수 있다. 더 나아가 코로나19 팬데믹처럼 방역에 대한 문제가 있을 때 교회들이 그 사랑을 책임적으로 실천할 수 있다.

2. 지역사회를 위한 열린학교: 전략적 거점으로서의 역할을 기대할 수 있다.
① 평생교육 학습센터　② 창업교육 센터
③ 북카페 작은 도서관　④ 기타

교회는 지역사회에서 도움이 필요한 사람들에게 음식이나 어린이 교육을 제공하는 자선단체를 연결해 줄 수 있다. 이것은 또한 비기독교인들이 온라인 전도 프로그램에 참여하고 이미 믿는 사람들을 위한 더 큰 제자 훈련으로 이어지기도 한다. 특히 지역사회의 책임적인 전도에 대해서는 1974년 스위스 로잔 국제대회에서부터 사회적 책임을 강조해 왔다. 급식 및 식품, 세정제 제공, 봉사자들을 위한 물질적 지원과 식사 제공, 월세 감면을 통한 고통 분담 등 여러 형태의 봉사를 비대면으로 할 수 있다. 또한 세무에 대한 전화 상담이나 지역의 방역 봉사도 실천할 수 있다.

[나눔 및 적용]

1. 조별 나눔

① 비대면 전도방법의 장점과 단점은 무엇인가?

② 비대면 전도방법 가운데 내가 실천할 수 있는 것은 무엇인가?

③ 지역사회의 특징은 무엇인가? 지역의 특성을 살려 이웃 사랑을 실천할 수 있는 방법은 무엇인가?

2. 적용하기

① 이웃이나 지인에게 사랑을 담은 시나 글을 인용하여 문자를 보낸다.
② 플로깅(조깅이나 산책을 하면서 쓰레기를 줍는 활동) 등 지역사회를 위한 섬김을 실천한다.
③ 지역사회를 섬기는 기관 또는 교회를 탐방한다.

3. 기도하기

① 하나님의 사랑을 담은 문자와 영상이 만들어지게 하소서.
② 영상이나 문자를 받는 사람들이 하나님의 은혜와 사랑을 경험하게 하소서.
③ 한 영혼을 향한 갈망을 통해 하나님의 나라가 세워지게 하소서.

전도학습 TIP

1. 조별 나눔은 그동안 배운 것을 반복학습 형식으로 기억하며, 학습내용에 대한 자신의 생각을 나눈다.
2. 적용하기는 학습내용에 대한 질문을 통해서 자신을 성찰하고, 문제상황을 파악한다.
3. 기도하기는 학습내용을 바탕으로 함께 기도제목을 나눈다.

주간 전도과제

1. 전도유형

전도방법	☐ 개인	☐ 그룹(2인 이상)
참석자		

2. 전도실천

전도대상	☐ 자주 교제하거나 연락하는 사이　☐ 가끔 교제하는 사람 ☐ 안면 있는 사람　☐ 이웃 또는 직장동료 ☐ 불신자 가족 또는 지인　☐ 기타 (　　　)
기도하기	☐ 하루 10분　☐ 하루 30분　☐ 하루 1시간 이상 ■ 한 주간 총 기도시간 =　　시간　　분
전화(SNS) 연락	☐ 1명　☐ 2명　☐ 3명 이상 ☐ 단체 문자 또는 카톡방(10명 이상)　☐ 한 주간 (　　)명
전도하기	<table><tr><td>주일</td><td>월</td><td>화</td><td>수</td><td>목</td><td>금</td><td>토</td></tr><tr><td></td><td></td><td></td><td></td><td></td><td></td><td></td></tr></table>
사랑나눔	▶베푸는 사랑(음식, 선물, 축하, 섬김 등) ▶띄우는 사랑(전도지, 편지, 문자 등) ▶만나는 사랑(식사, 취미활동<운동, 여행 등>, 장보기, 영화관람 등)

3. 전도 대상자

순번	이름	성별 남	성별 여	연락처	주소(거주지역)	재방문	등록
1							
2							
3							
4							
5							
6							
7							
8							
9							
10							

08 거리 전도

1. 거리 전도의 정의
2. 거리 전도의 필요성과 효과
3. 거리 전도의 방법
4. 거리 전도의 실제
5. 거리 전도의 어려움

"기독교인들은 성경을 그냥 배우거나 공부하는 게 아니다. 우리는 성경에다 우리 삶을 동화시키고 소화한다. 그리고는 사랑을 베풀고, 냉수 한 잔을 건네며, 세계 선교를 떠나고, 예수님의 이름으로 치유하고 전도하며 정의를 베풀고, 손을 들고 아버지 하나님을 찬양하며, 예수님과 함께 발을 씻어 준다."

유진 피터슨

'예수천국 불신지옥' 문구가 너무 공격적이라는 지적도 있다.

"그렇다고 이걸 바꿀 만한 문구가 있을까. 이 문구만큼 명확하게 복음을 전하는 메시지가 없다."

"(행인 등 행패로) 지금까지 앰프가 몇 개나 망가졌는지 모른다. 손가락질과 욕설하는 사람도 여전히 있다. 그런데 나는 충분히 이해한다. 30대 중반까지 나도 기독교인 싫어하는 불신자였으니까. 그래도 복음을 받아들이고 나처럼 변화를 받는 사람이 있다. 그것이 관둘 수 없는 이유이기도 하다."

현장에서 만난 길거리 전도자들은 때론 고집불통 같기도 하고, 간혹 말이 통하지 않는 사람처럼 보이기도 했다. 동시에 '복음을 꼭 전해야겠다'는 절박함도 전해졌다. 이들에게 향하는 세간의 날선 비난의 상당 부분은 어쩌면 기성 교회들의 부끄러운 모습을 향한 손가락질이 아닐까.[25]

---

25) 박재찬 기자, 『국민일보』, "'눈총받는' 길거리 전도 하는 이유 전도자들에게 직접 물어보니 '전도의 절박함에 거리로' '멈출 수 없다'," 2022. 2. 8. 인터넷 기사, https://www.kmib.co.kr/article/view.asp?arcid=0924230535, 2025년 2월 18일 접속.

디자인 씽킹(Design Thinking)

1단계 : 지문 읽기
  집중하기
  속독하기

2단계 : 공감하기
  불편함(부담감) 찾기
  문제 파악(이해하기)
  현재 상황(인식하기)

3단계 : 경청하기
  팀원과 나누기
  불편함 정의하기
  해결방법 모색하기

4단계 : 아이디어
  아이디어 구상하기
  키워드 디자인하기
  좋은 방법 제안하기

전도학습 TIP

현재 거리 전도를 어떻게 실행하고 있는지, 또한 거리 전도 시 어떤 어려움이 있는지 경험을 나눈다.

1. 거리 전도의 정의

1. 성경에서의 거리 전도 [아래의 성경구절에서 전도의 방법을 밑줄로 표시하세요.]

① 마 10:5-15

⁵예수께서 이 열둘을 내보내시며 명하여 이르시되 이방인의 길로도 가지 말고 사마리아인의 고을에도 들어가지 말고 ⁶오히려 이스라엘 집의 잃어버린 양에게로 가라 ⁷가면서 전파하여 말하되 천국이 가까이 왔다 하고 ⁸병든 자를 고치며 죽은 자를 살리며 나병환자를 깨끗하게 하며 귀신을 쫓아내되 너희가 거저 받았으니 거저 주라 ⁹너희 전대에 금이나 은이나 동을 가지지 말고 ¹⁰여행을 위하여 배낭이나 두 벌 옷이나 신이나 지팡이를 가지지 말라 이는 일꾼이 자기의 먹을 것 받는 것이 마땅함이라 ¹¹어떤 성이나 마을에 들어가든지 그 중에 합당한 자를 찾아내어 너희가 떠나기까지 거기서 머물라 ¹²또 그 집에 들어가면서 평안하기를 빌라 ¹³그 집이 이에 합당하면 너희 빈 평안이 거기 임할 것이요 만일 합당하지 아니하면 그 평안이 너희

에게 돌아올 것이니라 ¹⁴누구든지 너희를 영접하지도 아니하고 너희 말을 듣지도 아니하거든 그 집이나 성에서 나가 너희 발의 먼지를 떨어 버리라 ¹⁵내가 진실로 너희에게 이르노니 심판 날에 소돔과 고모라 땅이 그 성보다 견디기 쉬우리라

② 눅 10:3-12
³갈지어다 내가 너희를 보냄이 어린 양을 이리 가운데로 보냄과 같도다 ⁴전대나 배낭이나 신발을 가지지 말며 길에서 아무에게도 문안하지 말며 ⁵어느 집에 들어가든지 먼저 말하되 이 집이 평안할지어다 하라 ⁶만일 평안을 받을 사람이 거기 있으면 너희의 평안이 그에게 머물 것이요 그렇지 않으면 너희에게로 돌아오리라 ⁷그 집에 유하며 주는 것을 먹고 마시라 일꾼이 그 삯을 받는 것이 마땅하니라 이 집에서 저 집으로 옮기지 말라 ⁸어느 동네에 들어가든지 너희를 영접하거든 너희 앞에 차려놓는 것을 먹고 ⁹거기 있는 병자들을 고치고 또 말하기를 하나님의 나라가 너희에게 가까이 왔다 하라 ¹⁰어느 동네에 들어가든지 너희를 영접하지 아니하거든 그 거리로 나와서 말하되 ¹¹너희 동네에서 우리 발에 묻은 먼지도 너희에게 떨어버리노라 그러나 하나님의 나라가 가까이 온 줄을 알라 하라 ¹²내가 너희에게 말하노니 그 날에 소돔이 그 동네보다 견디기 쉬우리라

잃어버린 양
사마리아를 포함하는 이방을 일단 유보하고, 일차적인 복음 전파의 대상으로 유대가 지목되고 있다는 사실은 결국 복음과 예수 그리스도에 대한 유대인들의 거절로 인하여 선교 대상이 필연적으로 모든 족속으로 확장된다는 것이다.
예수께서 열두 사도를 임명하시고 그들을 파송하신 목적은 천국 복음을 보다 효과적으로 전파하기 위해서이다. 즉, 예수님 자신만 복음을 전파하는 것이 아니라 제자들까지 이 일에 동참시킴으로써 보다 짧은 시간에, 보다 넓은 지역에 천국 복음이 전파될 수 있도록 하셨던 것이다.

천국이 가까이 왔다 하고
선교의 궁극적 목적과 선교 내용으로 하나님 나라의 시작을 알리는 것이다.

거저 받고 거저 준다
예수님의 제자들은 먼저 받는 이의 관점에서 예수님으로부터 아무 대가도 치르지 않은 선물로서의 구원을 받았다. 그러므로 이제는 받은 그대로, 어떠한 이익도 기대하지 않고 구원의 선물을 베푸시는 주님을 다른 사람들에게 전해야 한다.

> **전도학습 TIP**

성경을 읽고 자신이 생각하는 거리 전도, 또는 전도방법에 대해 이야기를 나눈다. 예수께서는 왜 전도사역의 임무를 부여받고 파송을 받는 자신의 제자들에게 기본적인 필수품조차 소지하지 못하도록 하셨을까? 그 이유는 천국 복음을 전해야 할 자들은 '목숨을 위하여 무엇을 먹을까, 무엇을 마실까, 몸을 위하여 무엇을 입을까'(마 6:25)를 염려하지 말고 오직 이 모든 것을 공급해 주시는 하나님만을 의지하며 살아야 하기 때문이다.

2. 거리 전도의 필요성과 효과

1. 가장 기본적인 전도 : 불특정 다수(모든 열방)를 향한 전도

거리 전도는 그 자체로서 주님의 명령이다. 주님께서는 제자들에게 사명을 주셨다. 그 사명은 언제나 전도와 복음이었다. 따라서 그 효율성을 논하기 전에 늘 전도에 매진해야 한다.

2. 찾아가는 전도 : 전도의 첫 번째 단계는 찾아가는 것이다.

전도의 첫 번째 단계는 찾아가는 것이다. 예수님도 언제나 우리에게 가라 말씀하셨다. 전도는 가는 것으로부터 시작한다. 마음이 없는 이에게는 알려 주어야 한다. 잘 모르는 이에게는 설명해 주어야 한다. 또한 우리가 믿는 하나님이 정말 좋다면 가만히 있을 수 없지 않은가? 하다못해 맛있는 밥집을 알게 되면 사방에 전화해서 초대하게 된다. 인생의 가장 위대한 발견인 예수 그리스도를 찾아가서 전하는 것은 당연한 일이다.

3. 훈련으로서의 전도 : 전도의 현장에서 성령의 역사를 체험하는 것이 가장 큰 훈련이 된다.

누가복음 10장 17절에는 파송되었던 70인의 전도자들이 예수님께 돌아와 보고하는 장면이 나온다. 그 말씀의 첫 부분이 '기뻐하며 돌아와'이다. 전도하면 전도의 기쁨을 맛보게 된다. 그 이유는 '주의 이름이면 귀신들도 우리에게 항복하더이다'라는 능력을 체험하기 때문이다.

예수님은 마태복음 10장 1절에서도 열두 제자를 파송하실 때 '더러운 귀신을 쫓아내며 모든 병과 모든 약한 것을 고치는 권능'을 주셨다. 결국 우리가 이러한 능력을 경험하는 곳은 전도의 현장이다. 그래서 교회 안에서 다양한 훈련을 받고 다양한 체험을 하는 것보다 전도의 현장에서 성령의 역사를 체험하는 것이 가장 큰 훈련이 된다.

3. 거리 전도의 방법

1. 전통적 방법

전통적인 거리 전도의 방법은 노방 전도라 일컬어지는 거리행진을 통한 전도인데, 이는 사람들이 많이 모이는 곳을 거점으로 삼고 주변을 전도하는 거점 전도의 방법이다. 보통 전도지와 전도용품을 나누어 주면서 전도한다.

2. 피켓 전도

피켓 전도는 통행량이 많은 곳에서 교회 소개와 복음의 내용을 담은 피켓을 들고 서 있는 전도방법이다. 전도자의 참여를 늘리고 교회를 알리는 효과가 있다.

3. 커피차, 푸드트럭 전도

커피차, 푸드트럭 등을 활용하여 전도하는 방법이다. 비용이 많이 든다는 단점이 있지만 노회별 및 연합사업으로 지원받아 구입하고, 노회 내 교회가 돌아가며 대여하는 형식으로 진행해도 좋다. 교회별로 수레에 이동식 커피머신을 준비하여 제공할 수도 있다. 여름철에는 버스정류장 주변 등에서 아이스커피를 제공하고, 교회 앞에서는 상시 운영하며 전도할 수 있다.
※ 주의할 점: 주변상권에 영향이 미치지 않도록 해야 한다.

4. 거리 광고

거리 광고를 통한 전도방법이 있다. 개교회의 광고가 아닌, 셀럽들의 이미지와 간단한 복음의 메시지를 담은 고속도로 입간판, 버스 광고, 건물 광고 등을 활용하는 방법이다.
※ 참고할 점: 비용이 많이 든다. 개교회를 소개하기 어렵다. 지역 교회가 연합하여 광고하는 방법을 고려해 보는 것도 좋다.

※ 사진제공: 사단법인 복음의 전함

4. 거리 전도의 실제

1. 주의점

① 한 번에 성공을 기대하지 마라.

아이가 태어나서 성인이 되고, 스스로 살아가는 데 최소 20년 이상이 걸린다. 거리 전도 한 번으로 모든 사람을 전도할 수 없다. 선교사는 한 지역을 변화시키는 데 평생을 헌신한다. 거리 전도나 노방 전도는 시작하는 것이 중요하다. 일반적으로 사람은 늘 같은 패턴의 생활을 한다. 아침에 출근이나 등교를 하고, 늘 가는 커피숍과 식당을 이용하며, 비슷한 시간에 퇴근하고 늘 만나는 사람들을 만난다. 이동 동선도 비슷하고 익숙한 방식으로 살아간다. 거리 전도를 하다 보면 늘 같은 시간에 같은 자리에서 만나는 사람들이 있다. 얼굴을 자주 보는 것만으로도 서로의 거리가 좁혀진다. 할 수만 있다면 같은 요일, 같은 장소, 같은 시간에 반복적으로 거리 전도에 나서는 것이 좋다. 그렇게 하면 적어도 그중 일부는 같은 사람을 만나게 된다. 자주 만나면 친해지고, 친해지면 귀가 열리고, 귀가 열리면 시간을 내어 주고, 시간을 내어 주면 복음을 듣게 된다. 한 번에 이루어지는 것은 없다. 따라서 한 번에 안 됐다고 실망할 필요도 없다. 아직 기회가 많다.

② 거리 전도 시 상대방을 배려하라.
- 대부분의 경우, 목적지가 있는 바쁜 사람들이므로 붙잡고 오랜 시간을 빼앗으려 하지 마라.
- 큰 소리로 외칠 필요도 없다. (소음이 될 수 있다.)
- 마음이 외로운 이들은 작은 소리에도 귀 기울인다. (관심이 있는 이들에게는 들린다. 필요한 이는 하나님께서 듣게 하신다.)
- 누구에게든 미소를 잃지 마라.
- 우리가 마음의 소원을 품고 현장에 나가면 하나님께서 전도될 만한 사람을 만나게 하신다.
- 상대방의 팔을 붙잡는 등의 행위는 오히려 반감만 증폭시킨다.

③ 오래하는 것이 성공을 보장하지는 않는다.
- 한 번에 너무 긴 시간을 전도하거나 매일 하지 않아도 된다.
- 자주, 반복적으로 같은 장소와 시간에 전도하여 조금씩 가까워지면 된다.
- 한 번에 너무 무리하면 그다음에는 포기하게 된다.
- 욕심부리지 않고 할 수 있는 만큼부터 시작하면 된다.

④ 너무 많은 공간을 차지하지 말고, 소음을 만들지 마라.
- 거리는 대부분 좁다. 너무 많은 공간을 차지할 필요도 없다.
- 친절한 가게가 있다면 그 가게 인근을 거점으로 잡아도 좋다. 반드시 고마움을 표해야 하며, 그 가게를 교인들이 많이 이용하도록 권면하는 것도 좋은 방법이다.
- 전도용 도구함 또는 수레가 있으면 좋다. 가능한 한 깔끔하고 단정한 것을 선택한다.
- 과거는 마이크, 북 등을 사용한 적도 있었으나 지금은 소음이 오히려 반감을 살 수 있다.

⑤ 복음을 제시할 때 받을 수 있는 반대 질문에 대한 대응 매뉴얼을 미리 숙지하라.
복음을 제시하다 보면, 반대 질문을 받을 때가 있다. 사전에 준비되어 있지 않으면 당황하게 되고, 당황하면 복음 제시가 불가능함은 물론 역공을 당할 수도 있다. 또한 반대 질문에 답변하며 복음 제시를 하는 과정에서 불필요한 논쟁이 발생할 수도 있다. 논쟁에서는 긍정적인 효과를 얻을 수 없다. 얻는 것이란 고작 관계 악화와 상처, 서로에 대한 실망감뿐이다.

⑥ 전도지나 전도용품을 제공하는 데 주저하지 마라.

전도에 호의적이지 않은 이들이라 해도 함부로 대하거나 전도지나 전도용품을 제공하는 데 주저하지 마라. 이들 옆에 있는 동료나 친구 중에는 불신자도 있으며, 그들은 전도자의 행동을 보고 전도에 호감을 보일 수 있다.

2. 반대 질문에 대처하는 법

1단계 – 공감과 칭찬하기 ➡ 2단계 – 대화의 핵심 찾기 ➡ 3단계 – 새로운 시야 열기

이 순서로 대처하면 된다. 다만, 기계적으로 대답하기보다는 상황과 상대에 따라 지혜롭게 대처한다.

(예 1) 너무 바빠서 교회에 못 나갑니다.

1. 1단계 – 공감과 칭찬하기 : "바쁘게 사시는 것을 보니 매우 성실하고 부지런하신 분 같습니다. 인간관계도 넓으신 것 같습니다."

2. 2단계 – 대화의 핵심 찾기 : "교회 다니는 것이 시간을 낭비하는 것만은 아닙니다. 바쁜 가운데에서도 예배에 꼭 참석해 보세요. '인생은 속도보다도 방향이 중요하다'는 말도 있지 않습니까? 바쁘게 사는 가운데 혹시 소중한 것을 놓치고 있지는 않은지, 혹시 내 인생이 잘못된 방향으로 가고 있지는 않은지, 성경말씀을 들으면서 자신의 삶을 한번 점검해 보는 것도 좋을 듯합니다."

3. 3단계 – 새로운 시야 열기 : "나의 존재 이유는 무엇입니까? 시간의 우선순위는 어디에 두어야 합니까? 인생의 진정한 의미는 무엇입니까? 바쁜 생활 중에도 이러한 인생의 문제에 대해서는 생각해 보아야 하지 않겠습니까? 내 인생이 올바른 방향으로 가고 있는지 생각하는 시간을 가져 보시지 않겠습니까?"

(예 2) 예상되는 반대질문

1. 기독교와 교인들의 위선이 싫습니다.
2. 하나님이 살아 계신다면 왜 나에게 이런 고통이 있습니까?
3. 종교를 바꾸면 집안이 망합니다.
4. 성경은 비과학적인 책입니다.

5. 보이지 않는 하나님을 어떻게 믿습니까?
6. 술과 담배 때문에 교회에 나갈 수가 없습니다.
7. 제사 문제 때문에 교회에 다닐 수가 없습니다.
8. 길거리에서 노방 전도하는 신자들을 보면 광신자 같아서 못 믿겠습니다.
9. 기독교는 다른 종교를 인정하지 않는 배타적 종교입니다. 그래서 싫습니다.
10. 꼭 예수님만 믿어야 구원을 얻습니까?
11. 교회가 너무 기업화된 것 같아 거부감을 느낍니다.

3. 장소 선정

① 유동인구가 많은 곳
② 대상이 명확한 경우: 학교, 학원, 병원, 관공서 앞 등(학교 앞 전도가 불가능할 경우는 학원 앞 전도도 대안이 될 수 있다.)
③ 여유를 가지고 복음을 전할 경우: 공원
④ 장소 선정을 할 때 고려할 것은 무엇인지 생각한다.

유동인구가 많은 지하철 입구나 번화가를 선택할 경우에는 많은 내용을 전달할 수 없으므로 교회 소개나 간략한 복음 제시 등을 하는 것이 좋다. 전도지와 함께 간단한 간식 등을 제공하거나, 교회 소개가 들어 있는 전도용품 등을 제공하는 것이 좋다. 또한 아침 출근시간이라면 간단하게 요기할 수 있는 꼬마김밥, 토스트, 붕어빵이나 빵, 과자류를 제공하는 것도 좋은 방법이다.

대상이 명확한 경우, 전도방법을 선택하기가 수월해진다. 학교 앞 전도의 경우에는 전도대상의 연령과 등교시간인지, 하교시간인지에 따라서 전도방법을 다르게 선택할 수도 있다. 꾸준히 전도할 수 있다면 매주 1~2회 정도 하면 좋고, 꾸준히 전도할 수 없다면 시험 전후에 초콜릿이나 사탕류로 응원하거나 학교행사 전후에 시원한 음료 등을 제공하는 것이 좋다.

위와 같은 경우는 모두 짧은 시간에 많은 사람을 만나서 교회 소개를 할 수 있다는 장점을 가지고 있다. 그러나 실제로 복음을 전하거나 관계를 맺기에는 시간적 한계가 있다. 또한 상대방의 반응을 살필 여유가 없기도 하다. 그러므로 많은 사람을 만나 전도해야 한다는 강박관념에서 벗어나 오히려 다 출근하고 난 후 공원 같은 곳에 외롭게 있는 이들을 만나는 것도 좋다. 적은 인원을 만나지만 그들과 대화할 수 있는 충분한 시간을 얻을 수 있다. 주로 노인이나 혼자 사는 사람들을 만날 수 있는데, 이 경우에도 한 번에 다가가기보다 며칠 정도 상대방의 습관이나 행동을 살펴본 후 접촉점을 찾아가는 것이 좋다. 캔커피나 음료수 등을 준비하면 함께 마시며 자연스럽게 대화를 나눌 수 있다.

4. 전도의 실제

① 전도용품을 활용한 전도법

전도용품을 활용한 전도법은 보다 효과적으로 복음을 전달할 수 있도록 돕는 방법이다. 다양한 전도용품을 활용하면 사람들의 관심을 끌고 자연스럽게 대화를 시작할 수 있다.

② 메시지 전달을 도와주는 도구
- 복음 제시용 도구 : 사영리, 글 없는 책 등

③ 접촉점을 높여 주는 방법
- 반복하면, 얼굴을 익힐 수 있다.
- 꼭 필요한 전도용품을 준비하라.
- 공감하라. 동질감을 느끼게 하라.

④ 지역교회 섬김을 통한 훈련
- 같은 노회에 속한 타지역 교회에 전도 품앗이를 하라.
- 이 경우 전도훈련과 지역교회 섬김이라는 두 가지 효과를 모두 누릴 수 있다. 생각보다 성도들은 다른 교회를 섬길 때 큰 보람을 느끼고, 더 열심히 참여한다.

⑤ 다양한 전도 프로그램을 활용하고 참여하라. 전도 전문사역팀과 협업하라.
- 전도 프로그램 및 세미나에 함께 참여하면 동기부여가 된다. 강사 및 참여한 다른 교회 성도들을 보며 도전을 받게 된다.
- 전도 전문사역자와 단체가 있다. 이들과 협업하는 것도 좋은 방법이다.

5. 거리 전도의 어려움

1. 거리 전도의 비효율성

거리 전도를 통해서 많은 사람들을 만난다고 해도, 전도가 이루어질 확률이 낮고, 그 수 또한 적다는 의견이 있다. 이것은 거리 전도가 시간 대비 비효율적이며, 인력과 예산의 낭비라고 보는 견해다. 이에 거리 전도가 아니라 관계 전도를 더 중요하게 언급하기도 한다. 물론, 거리 전도보다 관계 전도가 더 효과적인 것이 사실이다. 하지만, 그 관계의 시작은 거리 전도 또는 불특정 다수를 향한 전도이다. 목회자로 예를 들면, 목회자는 만나는 사람의 대부분이 교인이다. 따라서 불신자를 만날 수 있는 유일한 길이 거리 전도이다. 또한 한 영혼을 향한 구령의 열정은 단순히 효율로 평가할 수 없는 것이다.

2. 거리 전도의 불쾌함

흔히, 지하철이나 유동인구가 많은 곳에서 큰 소리로 전도하는 것을 볼 때가 있다. 신앙을 가지고 있는 우리도 불쾌한데 불신자들은 어떠할까? 또 하나의 불쾌함은 그 메시지에 있다. 거리 전도의 한계 중 하나가 전도대상을 또다시 볼 기회가 없다는 것이다. 그래서 복음의 메시지를 함축적으로 전해야 하기에 "예수천당 불신지옥"으로 대표되는 메시지를 전한다. 그러나 이러한 메시지는 자칫 듣는 이들에게 불쾌감을 줄 수 있다. 물론, 이 메시지는 복음의 진리를 담고 있다. 하지만 메시지의 표현 방식에 신중을 기하고, 그 안에 지혜를 담기 위해 노력해야 한다.

3. 이단들의 거리 전도와의 유사성

지하철역이나 터미널, 대형 마트 주변에서 설문조사, 후원 신청 독려 등을 하는 모습을 종종 목격하게 된다. 상담 프로그램 등을 빙자해서 개인정보를 얻기도 한다. 그런데 이런 것은 대부분 이단들이 하는 행태이다. 불신자들은 이단과 정통교단을 구분하지 못한다. 이단들의 특징 중 하나가 집요함이다. 피해 가도 끝까지 따라온다. 집요하면 피하게 된다. 또한 이단들은 설득하고 세뇌하려고 한다. 우리는 진리를 전하는 사람이다. 사람인 우리에게 힘이 있는 것이 아니라, 진리에 힘이 있다. 진리는 설득하는 것이 아니라, 선포해야 한다. 메시지는 메신저를 통해서 전달된다. 시대가 바뀌었지만 우리는 메신저의 역할을 해야 한다. 진리에는 힘이 있지만, 그 진리를 보고 듣게 하는 것은 우리의 역할이다. 그래서 우리는 전도할 때 얼굴에 미소를 띠고, 단정한 복장을 갖추며, 예의를 지켜야 한다. 진리가 들릴 수 있도록 지혜롭게 전달하고, 불쾌함보다는 좋은 느낌을 주어야 한다. 하나님께서 인도하시면 그 전도대상을 꼭 다시 만나게 된다.

4. 개인의 부족함

거리 전도에 부정적인 측면이 있는 것은 사실이다. 하지만 거리 전도를 주저하거나 회피하는 가장 큰 이유는 각 개인이 가진 두려움과 부끄러움 때문이다. 실제로 교인들 중 대다수는 전도하지 않는다. 믿음의 문제, 경제적, 시간적 여유의 부족 등 여러 가지 이유가 있을 수 있다. 그중 하나가 거리 전도에 대한 두려움, 많은 사람을 만나는 것에 대한 부끄러움이다. 또한 결과에 대한 부담감도 있을 수 있다. 결국 머리로 여러 부정적인 이유를 생각하며 핑계댈 뿐 직접 전도하러 나가지 않는 것이다.

[나눔 및 적용]

1. 조별 나눔
① 거리 전도의 부정적인 측면은 무엇이라고 생각하는가?

② 거리 전도를 통해 얻을 수 있는 유익은 무엇인가?

③ 교회나 집 주변에 거리 전도를 하기 가장 좋은 장소와 여건은 무엇인가?

2. 적용하기
① 거리 전도를 위한 장소를 선정하라.
② 선정된 대상과 장소를 사전에 답사하라.
③ 거리 전도 후 계획과 비교하여 결과를 기록하라.

3. 기도하기
① 거리 전도 대상자와 장소를 잘 선정할 수 있도록 하소서.
② 지혜와 계시의 영을 주셔서 꼭 필요한 복음의 메시지를 전할 수 있도록 하소서.
③ 거리 전도에 대한 두려움이 사라지게 하소서.

전도학습 TIP

1. 조별 나눔은 그동안 배운 것을 반복학습 형식으로 기억하며, 학습내용에 대한 자신의 생각을 나눈다.
2. 적용하기는 학습내용에 대한 질문을 통해서 자신을 성찰하고, 문제상황을 파악한다.
3. 기도하기는 학습내용을 바탕으로 함께 기도제목을 나눈다.

주간 전도과제

1. 전도유형

전도방법	☐ 개인	☐ 그룹(2인 이상)
참석자		

2. 전도실천

전도대상	☐ 자주 교제하거나 연락하는 사이 ☐ 가끔 교제하는 사람 ☐ 안면 있는 사람 ☐ 이웃 또는 직장동료 ☐ 불신자 가족 또는 지인 ☐ 기타 ( )
기도하기	☐ 하루 10분 ☐ 하루 30분 ☐ 하루 1시간 이상 ■ 한 주간 총 기도시간 = 시간 분
전화(SNS) 연락	☐ 1명 ☐ 2명 ☐ 3명 이상 ☐ 단체 문자 또는 카톡방(10명 이상) ☐ 한 주간 ( )명
전도하기	<table><tr><td>주일</td><td>월</td><td>화</td><td>수</td><td>목</td><td>금</td><td>토</td></tr><tr><td></td><td></td><td></td><td></td><td></td><td></td><td></td></tr></table>
사랑나눔	▶베푸는 사랑(음식, 선물, 축하, 섬김 등) ▶띄우는 사랑(전도지, 편지, 문자 등) ▶만나는 사랑(식사, 취미활동<운동, 여행 등>, 장보기, 영화관람 등)

3. 전도 대상자

순번	이름	성별 남	성별 여	연락처	주소(거주지역)	재방문	등록
1							
2							
3							
4							
5							
6							
7							
8							
9							
10							

09 관계 전도

1. 관계 전도의 이해
2. 접촉점 찾기
3. 관계 중심 전도전략

"복음은 관계의 노선 위로 흘러간다.
고유명사를 제외하고 세상에서 가장 중요한 단어는
관계이다."

오스카 톰슨

삶에는 기본적인 두 가지 관계가 있다. 가장 중요한 관계는 하나님 아버지와의 관계다. 누구든 오직 하나님 아버지의 조건에 따라서만 아버지께 나아갈 수 있다. 또 다른 관계는 우리가 다른 사람들과 맺는 수평적인 관계다. 하나님은 우리가 맺는 모든 관계를 위한 기초를 다져 두셨다. 관계에 대한 아버지의 조건을 받아들인다는 것은 사랑할 대상을 선택할 권리를 영원히 박탈당한다는 의미다. 상대방의 외모나 나이, 인종과 성격, 적대감과 친절함 등이 우리가 표출하는 사랑에 전혀 영향을 미치지 못해야 한다.

다시 말해 예수님이 택하시는 사람은 누구든 사랑해야 한다. 부부 관계든, 사업상의 관계든, 어떤 사람과 맺는 관계든 상관없이 우리는 모든 관계에서 예수님의 주 되심을 인정해야 한다. 예수님이 우리 삶의 주인이 되시면, 그분은 사랑스럽지 않은 사람들을 우리 관계의 원 안에 들여놓으신다. 예수님은 어떤 죄인도 다른 죄인을 사랑할 수 있다고 말씀하셨다. 인간적인 사랑 때문이 아니라 우리를 통해 주님이 사랑하기 원하시는 사람에게로 흘러가는 주님의 사랑 때문에 그렇게 할 수 있다. 하나님과의 관계에서 하나님의 조건을 받아들였다면 다른 사람들과의 수평적인 관계에 있어서도 하나님의 조건을 받아들여야 한다.[26]

---

26) W. 오스카 톰슨 주니어·클로드 V. 킹 공저, 이혜림 역, 『관계중심 전도』 (서울: 생명의말씀사), pp. 149-150.

> **디자인 씽킹(Design Thinking)**
>
> 1단계 : 지문 읽기
> 　　　　집중하기
> 　　　　속독하기
>
> 2단계 : 공감하기
> 　　　　불편함(부담감) 찾기
> 　　　　문제 파악(이해하기)
> 　　　　현재 상황(인식하기)
>
> 3단계 : 경청하기
> 　　　　팀원과 나누기
> 　　　　불편함 정의하기
> 　　　　해결방법 모색하기
>
> 4단계 : 아이디어
> 　　　　아이디어 구상하기
> 　　　　키워드 디자인하기
> 　　　　좋은 방법 제안하기

전도학습 TIP

관계를 통해서 이루어진 만남에 대해 이야기를 나누며, 관계 전도를 통해 전도한 경험을 나눈다.

1. 관계 전도의 이해

1. 관계 전도의 정의

'관계 전도'는 하나님을 모르는 사람과 좋은 관계를 맺어서 하나님을 알고 믿게 하는 방법이다. 직접적인 복음의 선포나 교회로의 초청 이전에 먼저 만남과 교제를 통해 인격적 관계를 맺음으로써 상대방으로 하여금 교회와 신앙에 호감을 갖게 만드는 전도방법이다.

모든 인간은 일평생 누군가와 관계를 맺고 살게 된다. 이렇게 '둘 이상이 빚어 내는 개인적이고 정서적인 사이'를 인간관계(人間關係)라고 정의하며, 이것은 개인의 삶과 공동체에 매우 중요한 영향을 미치게 된다. 보통의 인간관계는 선천적 관계와 후천적 관계로 그 성격이 구분되고, 지속적인 교류를 통하여 상호작용이 이루어진다. 인간관계에서 타인의 욕구, 생각, 반응을 이해하고, 나의 말과 행동이 상대에게 미치는 영향과 변화를 깊이 깨달을수록 그 관계는 더 원활해지고, 관계망도 풍성해진다.

관계 전도는 이러한 방식으로 형성된 인간관계망을 복음과 연결시켜서 전도에 활용하는 방법이다. 이를테면 가족, 친구, 이웃, 학교 동기나 동문, 직장, 군대, 동네 등에서 만나 이미 관계가 형성된 사람들에게 복음을 전하는 것이다. 또한 아직 관계가 형성되지 않은 사람과 만나 관계가 형성된 후에 복음을 전하는 것도 관계 전도라고 할 수 있다.

2. 관계 전도의 필요성

한국교회의 부흥기인 1980년대 후반까지는 대부분의 교회들이 개인 전도와 대중 집회를 통한 전도에 치중했다. 이 시기에 한국교회의 전도방법은 개인 전도, 방문 전도, 축호 전도, 문서 전도, 노방 전도, 외침 전도가 주를 이루었고, 길거리, 공원, 전철, 시장, 캠퍼스에서도 면대면 전도현장을 쉽게 목격할 수 있었다. 그러나 지금의 시대에는 종전에 실행해 왔던 전도방법들이 더이상 유용해 보이지 않는 것이 사실이다. 그 이유를 정리하면 다음과 같다.

① 현대인들의 의식 수준의 변화

우리 사회는 급격한 산업화와 도시 집중 현상으로 인해 치열한 삶의 경쟁과 함께 타인을 경계하게 되었고, 정보화 사회에서 일반인들의 의식 수준 향상은 급속한 개인주의를 낳았다. 한 걸음 더 나아가 전반적인 지식 수준의 향상은 모든 선택에 합리적인 결정 과정이 작용하게 하였고, 전도를 받아 종교를 선택하는 것이 아니라 다른 종교들과 비교 분석 후 취사선택 하는 경향으로 전환되었다. 인터넷과 스마트폰의 보급으로 정보를 손쉽게 얻게 되었고, 각종 언론 매체를 통하여 전달되는 정보들은 종교 선택의 폭을 더욱 넓혀 주었다. 이와 같은 변화로 인해 기존의 전도방법으로는 더이상 큰 효과를 기대하기 어려워졌다.

② 한국교회에 대한 부정적 이미지

코로나 팬데믹 상황 이후에 한국교회가 매우 부정적인 이미지로 인식되고 있다. 이제는 교회가 세상을 염려하는 것이 아니라 세상이 교회를 염려하고 있다. 또한 많은 교회들이 지역 사회에 복음을 전할 때 경쟁적으로 개인 접촉을 시도하기 때문에 사람들은 부담감을 느끼고, 복음 자체에 대한 부정적인 선입관과 거부감을 갖기도 한다. 과거에 교회를 긍정적으로 생각했던 사람들에게 적용했던 전도방식이 이제는 통하지 않는다. 그러나 관계 전도는 대상자와의 인격적인 접촉이 가능하며 복음에 대한 부정적 선입관으로부터 보다 자유로울 수 있다.

③ 시대에 맞는 전도방법이 필요

한국교회는 종전의 전도방식을 오랫동안 변함없이 사용해 왔다. 그러나 이제는 급속한 개인주의화로 인해 주거 공간으로의 접근이 용이하지 않고, 방범상의 이유로 방문 전도가 어렵게 되었다. 종전처럼 아파트나 빌라, 혹은 단독 주택에 직접 방문하여 사람들을 만날 수도 없다. 간혹 길거리에서 띠를 두르고 전도지를 나눠 주거나, "예수천당 불신지옥"을 외치는 교인들을 보면 외면하거나 피해서 지나가기도 한다. 그러나 관계 전도는 관계를 기초로 하여 만나서 대화하고 복음을 전하는 것이기에 신뢰감과 안정감을 줄 수 있다.

④ 복음화 비율에 따른 전략적인 전도방법

학자들은 기독교 인구가 전체 인구의 15%를 넘으면 노방 전도나 축호 전도에서 관계 전도로 전도방식을 전환해야 한다고 말한다. 우리나라는 기독교 인구가 전체 인구의 20%를 넘었기 때문에 5명 가운데 한 사람은 기독교인이라 할 수 있다. 이는 모든 모임에 기독교인들이 존재한다는 뜻이며, 불신자들과 뒤섞여 살아가고 있다는 뜻이다. 그러므로 인간관계망을 형성하고 그 속에 있는 불신자들에게 복음을 전해야 한다. 각자가 자신의 사회적인 네트워크 안에서 이미 형성된 인간관계를 적극 활용하고, 다양한 문화 속에서 소통하는 방식의 전략적 접근이 필요하다.

3. 관계 전도의 성경적 근거

① 대접의 원리와 이웃 사랑의 원리

마태복음 7장 12절을 황금률(Golden Rule)이라고 하는데, 이 말씀은 관계 전도의 가장 확실한 원리인 대접의 원리를 보여 준다. 다른 사람을 대접하고자 하는 마음은 관계 전도의 출발점이다. 또 하나의 근거가 되는 말씀은 마태복음 22장 39절에 기록되어 있는 이웃 사랑의 원리다. 이웃을 사랑하는 마음은 관계 전도의 본질이다.

② 성경에 나타난 관계 전도의 사례들

인간관계의 형성은 사람들의 아픔을 돌아보고, 그들의 필요를 충족시킬 때 가능하다. 예수님은 수가 성 여인을 만나 다섯 남자와 살아 본 경험이 있는 여인의 아픔을 측은하게 대해 주심으로 전도의 열매를 맺으셨고(요 4:16-18), 권력과 재산으로는 공허한 가슴을 채울 수 없었던 삭개오를 만나 인간적으로 대해 주심으로 그를 전도하셨으며(눅 19:1-10), 산헤드린 공회원이었지만 영생의 문제로 고민하던 니고데모에게 구원의 문제를 명료하게 해결해 주심으로써 구원을 얻게 하셨다(요 3:1-16). 이는 모두 예수님의 관계를 통한 전도의 근거라고 할 수 있다.

또한 신약성경을 보면 예수님의 제자인 빌립은 그의 친구 나다나엘을 예수님께로 전도하였고(요 1:45-51), 안드레는 예수님을 만난 후 자기 형인 베드로에게 예수님을 소개하여 제자가 되게 하였다(요 1:41-44). 사마리아 수가 성 여인이 우물가에서 예수님을 만난 후 물동이를 버려 두고 마을로 뛰어가 사람들에게 예수님을 만났다고 전했을 때, 마을 사람들이 예수님께로 나아왔다. 이는 모두 이미 형성된 관계를 통한 관계 전도의 사례로 볼 수 있다.

가이사랴 주둔군이었던 백부장 고넬료는 기도하는 중에 천사의 지시를 따라 사람을 보내어 욥바에 있는 베드로를 초청했다. 기도 중에 환상을 본 베드로가 환상의 의미를 몰라 고민하고 있을 때, 고넬료가 보낸 사람들이 베드로에게 도착하여 고넬료가 자신들을 보낸 이유를 말하자, 의문이 풀린 베드로는 그 사람들을 따라 가이사랴로 가게 되었다. 한편 고넬료의 집에 모여 있던 그의 친척과 가까운 친구들은 베드로의 설교를 통해 성령을 받고, 세례도 받았다. 이 사건에서 고넬료의 가족이라는 관계를 통해 그들이 구원을 받게 되었는데, 이 사건 역시 관계 전도의 근거가 된다.

사도 바울과 실라가 빌립보에서 전도하다가 감옥에 갇혔을 때 그들을 지키던 간수가 지진으로 인하여 두 죄수가 도망친 줄 알고 자결하려 하자, 바울과 실라가 큰 소리로 자결을 만류한다. 간수가 두려움에 떨면서 "어떻게 하여야 구원을 얻겠느냐?" 물을 때, 바울이 "주 예수를 믿으라 그리하면 너와 네 집이 구원을 받으리라"(행 16:31)고 하자 간수는 두 사람을 극진히 대해 주고, 그와 온 집안이 하나님을 믿고 크게 기뻐하게 되었다. 이 사건 역시 간수가 자신의 집안사람들을 전도한 관계 전도의 모범이라고 할 수 있다.

4. 관계 전도의 대상자 찾기

관계 전도의 대상은 첫째, 이미 관계가 형성된 사람을 전도하는 것과 둘째, 새로운 사람과 관계를 맺어 전도하는 것으로 구분된다. 전도자는 자신의 관계망을 중심으로 대상자를 정하고 접촉점을 찾아서 만나야 한다. 또한 관계망 밖에 있는 사람들을 전도 대상에서 제외하는 것이 아니라 삶의 현장에서 또는 적극적인 방문을 통해서 다리를 건설해야 한다.

① 관계망 중심

관계 전도를 위해 **전도 대상자와의 관계망을 파악하고, 자연스럽게 관계를 넓혀 나간다.** 가까운 관계부터 시작하여 먼 관계에 있는 사람들로 확장하며 연관된 관계망을 탐색해야 한다. 이 일을 위해서 전도자는 자신의 영향권 내에 있는 사람들을 분류하되, 단순히 기억을 더듬기보다는 구체적으로 이름과 주소, 전화번호, 특징, 그의 관심사 등을 기록하며 전도 대상자의 범위를 넓혀 나가는 것이 필요하다.

② 다리 건설(연결점 만들기)

관계망 밖에 있는 사람들도 전도 대상자이다. 그러므로 전도자는 새로운 사람과 적극적으로 관계를 맺어 그들과의 '다리'를 건설하여 의미 있는 인간관계망을 형성해야 한다. 예수님은 우리가 하나님께로 나아가는 길을 열어 놓으신 대제사장이다. 그뿐만 아니라 구원받은 성도는 누구나 왕 같은 제사장으로 부름을 받았다(벧전 2:9). 라틴어에서 제사장에 해당하는 말은 문자적으로 '다리를 놓는 사람'을 의미하는 'pontifex'이다. 그러므로 전도자는 하나님과 다른 전도 대상자들을 잇는 다리를 건설하는 사람들임을 기억하고, 전도 대상자들과의 관계 형성을 위해 다리를 건설할 수 있어야 한다.

(1) 삶의 현장에서 관계 형성

전도자는 자신이 처해 있는 **삶의 현장에서 만나는 사람들과 관계를 맺어야 한다.** 다리를 놓기 위해서는 **따뜻한 관심과 접촉이 필요하다.** 예수님이 어디서나 복음을 제시하셨듯이 '어디서나' 만나는 사람들에게 먼저 접촉점을 찾아 대화를 시도하고, 상호 관심사를 통해 자연스럽게 관계망을 형성해야 한다. 이것은 복음 전도를 위한 사전 접촉이다. 사전 접촉이 필요한 이유는 이를 통해 안면이 생기면 그들의 가정에 방문하거나 외부 장소에 마련한 만남의 자리에서 쉽게 복음을 제시할 수 있기 때문이다.

(2) 방문과 초대를 통한 관계 형성

전도 대상자를 찾아가서 만나는 일은 그리스도를 위한 접촉점을 찾는 데 가장 효과적인 수단이다. 전도자는 심방을 통해서 접촉의 기회를 만들어야 한다. 자주 접촉하면 서로에게 자신을 개방하는 데 훨씬 효과적이다. 전도자가 직접 방문할 수도 있지만 대상자를 가정이나 외부로 초대할 수도 있다. 신약성경에 보면 브리스길라와 아굴라 부부는 가정을 통한 관계 전도의 모습을 제시해 준다. 그들은 자기 집을 제공하여 바울을 통해 깊은 신앙을 가지게 되었다. 후에 그들은 아볼로를 자기 집으로 영접하여 복음을 나누었다(행 18:24-26). 이것은 아름다운 인간관계가 복음 전파에 효과적이라는 것을 보여 준다. 이처럼 초대교회의 평신도들은 관계망을 통해 복음을 나누었고, 이 관계망을 통해 복음이 쉽게 확산되었다.

2. 접촉점 찾기

지난 몇 년 동안 코로나 팬데믹 상황을 지나오면서 우리 사회에는 기독교인의 신앙과 관습에 대해 적대감을 드러내는 문화가 더욱 강력하게 형성되었으며, 기독교가 사회에 미치는 영향력도 전반적으로 감소되었다. 이처럼 교회와 신앙에 대해 부정적인 인식을 가지고 있는 세상 사람들에게 우리는 어떻게 복음을 전해야 할까? 또한 그들에게 복음과의 접점을 제공할 수 있는 실제적인 방법은 무엇일까?

1. 기독교 문화 비판: 복음으로 현대 문화를 분석하라!

기독교 우위의 문화 비판(Christian High Theory)은 세상 문화가 주장하는 중립성이나 객관성 또는 보편성에 의문을 제기함으로써 시작된다. 오늘날 현대 문화에서 개인이 직면하는 현실적인 명제 4가지는 다음과 같다. 첫째, 모든 가치는 상대적이다. 둘째, 모든 관계는 교환적이다. 셋째, 모든 정체성은 깨지기 마련이다. 넷째, 모든 만족의 근원은 실망을 가져다준다.

어떤 문화를 대상으로 복음이 무엇인지 설명하기 위해서는 그 문화를 먼저 복음으로 분석할 수 있어야 한다. 기독교 우위의 문화 비판은 세상 문화가 주장하는 중립성이나 객관성 또는 보편성에 의문을 제기함으로써 시작된다고 앞서 말했다. 기독교 우위 변증적 문화 비판은 오늘날의 문화가 제시하는 내러티브에 어떤 결점이 있는지 드러내며, 그러한 내러티브가 인간의 본성 및 근원적인 양심에도 부합하지 않는다는 사실을 보여 주어야 한다. 이러한 과정을 거치고 나서, 어떻게 그와 다른 새로운 내러티브가 복음의 아름다운 진리를 통해 완성되는지 제시할 수 있어야 한다.

2. 복음전도의 역동성: 역동적인 초대교회의 전도를 배우라!

초대교회가 보여 준 역동적인 복음 전도를 오늘의 시대에 맞게 재현할 수 있어야 한다. 우리는 초대교회처럼 사람들이 복음을 '주목'하여 '매력'을 느낄 뿐 아니라 그 '예증'을 확인하고 마침내는 '확신'에 이를 수 있도록 도와주어야 한다. 그러려면 먼저 비기독교인과 인격적으로 깊은 관계를 맺어야 한다. 그리고 목회자는 교인들이 전도와 변증에 익숙한 대화를 나눌 수 있도록 그에 필요한 도구와 자원을 제시해 줘야 한다. 그리하여 교인들이 비기독교인과 깊은 관계를 이루게 되면, 그때부터 교회는 다양한 시간과 장소를 제공하며 신앙에 관심을 갖기 시작한 사람들이 복음에 '매력'을 느끼고 그 '예증'을 확인하며 마침내는 '확신'에 이를 수 있도록 도와주어야 한다.

3. 세상의 통념을 바꾸는 사회적 자세: 사회적 책임과 역할을 따르라!

① 다민족 교회를 세우는 공동체

어떠한 민족이든, 이전에 어떠한 문화적 배경을 지녔든 예수 그리스도를 믿게 되면, 자신이 본래 이어받은 문화와는 다른 공동체에 소속되는 것이다.

② 가난한 자를 돌보고 정의를 추구하는 공동체

로마 황제 율리아누스는 기독교인의 혁신적인 신앙생활을 보고 "가난한 기독교인뿐 아니라 가난한 이교도인까지 돌본다."는 유명한 말을 남겼다. 이는 이교도인이 보기에 불편하면서도 동시에 매력적인 모습이었다.

③ 공손한 자세로 소통하는 화평의 공동체

초기 기독교인은 타인으로부터 공격을 당하거나 그로 인해 목숨을 잃는다 해도 앙갚음이나 복수를 하지 않았다. 심지어 처형을 당하거나 원형 경기장에서 죽임을 당하는 순간에도 오히려 박해하는 자들을 위해 기도했다.

④ 생명을 소중히 여기는 공동체

초대교회는 낙태를 비롯한 유아 살해를 강력히 반대했으며, 이는 자기 민족을 중심으로 계층화되어 명예만 중시하던 당시 사회에 큰 충격을 주었다.

⑤ 세상에 대항하는 성 문화를 이루는 공동체

초대교회는 하나님이 십자가에서 자신을 내어 주셨기에 우리는 다른 대상이 아니라 오직 그분께만 우리를 온전히 드려야 한다고 가르쳤다. 바로 그 사랑으로 인해 근본적으로 다른 두 존재인 하나님과 인간이 서로 하나가 될 수 있다는 사실을 알고 있었다.

> 래리 허타도는 로마제국 당시 기독교는 가장 박해받는 종교였기에 엄청난 사회적 희생이 따랐음에도 불구하고 당시 기독교가 지닌 사회적 자세가 어떠했는지에 주목하며, 기독교는 그 시대뿐 아니라 오늘날에도 세상의 통념을 바꾸는 유일한 공동체라고 말한다. 이러한 초대교회 공동체의 모습은 세상이 보기에 불편하면서 동시에 매력적이었다. 당시 기독교인들은 성경의 권위에 순종했고, 그 결과 복음을 들은 자로서 마땅히 지니고 있어야 할 모습을 갖추게 되었다. 현대 교회는 초대교회의 모습을 본받아서 사회 가운데 다민족 교회를 세우는 공동체, 가난한 자를 돌보고 정의를 추구하는 공동체, 공손한 자세로 소통하는 화평의 공동체, 생명을 소중히 여기는 공동체, 세상에 대항하는 성 문화를 이루는 공동체를 이루어 가야 할 것이다.

4. 디지털 세대를 위한 대항적 교리: 세속적 내러티브에 대항할 교리문답이 필요하다!

예수님은 산상설교에서 "너희가 들었으나"라고 언급하신 후에 "나는 너희에게 이르노니"라고 말씀하셨다. 이는 단지 진리를 가르치기 위해서만이 아니라 당시 종교 지도자들이 말한 내용과 대조되는 가르침을 전달하기 위해서였다. 우리에게도 예수님과 같은 대항적 교리문답(counter-catechesis)이 필요하다. 즉, 성경의 교리를 사용하여 세상 문화가 제시하는 신념을 무너뜨리되, 그 문화의 내러티브는 답변하지 못하는 인간 내면의 물음에 대답해 주는 작업을 해야 한다.

종교개혁 시대에는 문답 교육이 확산되어 수많은 교리문답서가 작성되었다. 당시 개신교 교리문답서는 삼위일체나 기독론보다는 칭의나 중생과 같은 구원론이라든가 성례와 같은 교회론에 더 많은 지면을 할애했다. 이는 교육의 목적이 단지 가르치는 내용을 받아들이게 하는 데서 그치지 않았기 때문이다. 개신교 교리문답서는 성경의 가르침을 제시하여 로마 가톨릭의 오류를 드러내는 데 목적을 두고 있었으며, 이는 그 자체로 대항적 교리문답의 기능을 수행했다. 즉, 올바른 세계관을 '건설하는' 작업만이 아니라 당시 지배적인 세계관을 '해체하는' 작업도 수행했던 것이다. 그 가운데서도 하이델베르크, 웨스트민스터, 루터의 대소요리문답과 같은 최고의 교리문답서는 여전히 교회에서 참고해야 할 필수적인 자료이지만, 동시에 오늘날 그대로 활용하기에는 불충분한 점도 있다. 왜냐하면 오늘날 올바른 개신교인이 되는 데 장애가 되는 요인은 현대 사회의 세속주의이기 때문이다.

오늘날 세속화된 세대도 자기 나름의 명확한 교리를 가지고 있다. 이에 반해 교회가 사용하는 학습방법과 교리문답은 성경적으로는 정확할지 몰라도, 세속적 내러티브를 해체하거나 그들의 신념을 약화시키는 방식으로 진리를 제시하지는 못한다. 오늘날 교회에서 이루어지는 교육도 그러한 역할을 제대로 해내지 못하고 있다. 이에 우리는 세상이 기독교인에게 주입하려고 하는 교리문답이 무엇인지 해설하고, 논파하며, 새로운 이야기로 서술할 수 있는 대항적 교리문답을 구성해야 한다. 나아가 세속적 교리문답의 밑바탕에 자리하고 있는 내러티브가 무엇인지를 드러내되 오늘날의 문화에서 예를 들어 설명할 수 있어야 한다.

제임스 헌터와 라이언 올슨은 *The Content of Their Character*(그들의 성품을 말해 주는 내용)에서 성품이란, 교실이 아니라 특정한 공동체 안에서만 전수될 수 있다고 설명하면서 그러한 공동체를 '도덕 생태계'라고 표현한다. 도덕 생태계가 중요한 이유는 바로 오늘날의 위기 상황 때문이다. 이 시대의 세속 문화는 그 자체의 도덕 이론이 모순적임에도 불구하고 디지털 기술을 통해 끊임없이 우리를 에워싸는 강력한 도덕 생태계를 형성하고 있다. 하루 동안 우리가 스마트폰에 시간을 쏟는 사이 여러 이미지, 영상, 반복되는 표어를 접하며 받아들이는 정보의 양은 지금까지의 그 어떤 시대보다 우리를 철저히 에워싸며 일상적인 행동에 깊은 영향을 미친다. 그리고 상상력을 자극하며 다양한 내러티브를 만들어 낸다. 이처럼 디지털 콘텐츠를 소비하는 이들은 교회에서 받는 그 어떤 교육보다 효과적인 방식으로 세상의 교리문답을 받고 있는 셈이다.

따라서 우리는 어떻게 기독교인의 신앙을 문화적 내러티브가 아니라 성경적 내러티브로 만들 수 있을지 고민해야 한다. 기독교인의 성품을 기르는 교육과정은 복음과의 접점을 내부적으로 마련하는 일이 되는 것이며, 이 과정을 성공적으로 마치면 일터를 비롯한 다른 영역에서 외부적으로도 영향력을 미치게 된다.

5. 공적 영역에 남아 있는 신실한 기독교인: 신앙과 일의 통합을 이루다!

우리는 비기독교적 사고방식과 관심사가 지배적인 문화 속에 살아가고 있다. 비기독교적 문화에도 선한 요소가 있을 수 있지만, 기독교인은 그와 다른 원리로 운영되는 공동체의 일원이기에, 어떻게 하면 신실하게 신앙을 지키면서 자신을 둘러싼 세상과 소통할 수 있을지 고민해야 한다.

제임스 헌터는 지금까지 기독교인이 시도했던 3가지 문화적 전략(문화를 지배, 문화로부터 철수, 문화에 동화)이 모두 다 결점이 있는 전략이라고 말한다. 그가 제시하는 전략은 문화 속에 그대로 있되 신실한 기독교인으로 남아 있는 전략이다. 기독교인은 문화의 전 영역에 들어가 빛과 소금이 되어야 한다. 이때 자신의 신앙을 신실하게 지키면서 타인을 섬기는 것이 중요하다. 여기서 신실하다는 말은, 성경의 가르침에 진실히 반응하면서 그 문화 속에 남아 있는 자세를 의미한다. 그런데 이처럼 '신실하게 남아 있기'는 오늘날 대부분의 복음주의자들이 취하는 문화적 전략과 상반되기에 그 자체로 큰 도전이 된다.

왜냐하면 문화 속에 신실하게 남아 있기 위해서는 모든 기독교인이 다른 기독교인으로부터 조언을 얻어야 하기 때문이다. 단지 개인적인 신앙이나 교회 활동에 대해서만이 아니라, 삶의 모든 영역에서 어떻게 생각하며 살아야 하는지 알아가기 위해 도움을 얻어야 한다. 교회에서만이 아니라 일터에서도, 사적 영역만이 아니라 공적 영역에서도 그러한 도움이 필요하다는 말이다. 교회는 모든 교인들을 훈련시켜 그들이 지닌 신앙과 일터에서의 활동이 서로 통합되도록 도와야 한다. 이는 인간이 살아가는 모든 삶의 범위로 기독교의 영향력이 확장되는 비전을 보여 준다. 기독교인이 사회를 지배하기 때문이 아니라, 그 사회에 신실하게 남아 있기 때문이다. 그러므로 목회자와 평신도가 한자리에 모여, 어떻게 기독교인이 공적 영역에서 사명을 감당할 수 있을지 의논해야 한다. 그래야 서로에게 없는 지식을 각자가 다른 사람으로부터 배울 수 있기 때문이다.

마태복음 5장 13절은 우리를 향해 "세상의 소금"이라고 선포한다. 고대 사회에서 소금은 음식의 맛을 내는 데만이 아니라 음식이 썩지 않도록 보존하는 데에도 사용되었다. 그런 차원에서 우리를 향해 세상의 소금이라고 하는 말씀에는 세상 속에서 일을 할 때 정직하게, 열심히, 최선을 다함으로써 그러한 일이 부정행위로 변질되지 않게 해야 한다는 의미도 포함된다. 그리고 이때 우리는 자신의 신앙을 숨겨서는 안 된다. 세상 속에서 우리의 신앙을 그대로 가지고 사람들을 섬기고, 좋은 이웃이 되며, 그 문화 속에 적극적으로 참여해야 한다. 그럴 때, 삶의 모든 현장에 복음이 적용될 것이다.

6. 복음의 은혜: 복음의 은혜를 재발견하라!

오늘날 많은 교회가 자기 의나 우월 의식에 빠지는 이유가 무엇일까? 왜 자신과 다르면 배척하려고 할까? 왜 초대교회가 보여 준 사회적 책임과 역할을 제대로 이행하지 못할까? 이유는 기독교 신앙의 핵심을 자주 망각하기 때문이다. 우리는 복음이 제시하는 '은혜'와 종교가 제시하는 '도덕'의 차이를 늘 인지하고 있어야 한다. 지난 몇 세기 동안 기독교는 세계 여러 지역에서 '각성'과 '부흥'이라고 할 만한 변화를 경험했다. 그러한 부흥의 시기에는 교회가 회심을 통해 크게 성장하고 문화 속에 적극 참여하며 건강한 사회적 변화를 이끌어 냈다. 또한 새로운 공동체를 개척하고 오래된 공동체를 갱신했다. 이와 같은 변화를 가져온 요인에 대해서는 여러 가지로 설명할 수 있겠지만, 무엇보다도 그 핵심에 복음의 은혜를 재발견한 일이 있었음을 부인할 수 없다. 우리는 종교를 통해 습득한 도덕과 복음을 통해 경험한 은혜가 얼마나 다른지 보여 줄 수 있어야 한다. 또한 복음의 접점을 마련하기 위해서는 협력적이면서도 독립적으로 사고하는 교회가 반드시 필요하다. 복음이 없이는 소망도 없다.

3. 관계 중심 전도전략

1. 전도자와 전도 대상자 간의 관계형성을 통한 전도전략

① 이슬비 전도편지

문서를 통해 지속적인 관심을 표현하며 관계형성을 시도하는 방법이다.

② 태신자 전도

한 개인을 대상으로 여성이 아이를 잉태하듯 관계형성을 시작하여 장기간 지속적인 관계를 유지하면서 전도 대상자에게 지속적인 관심을 제공한다.

③ 총동원 전도

총동원주일을 설정하여 모든 교인들이 전도에 참여하도록 독려하기 때문에, '전도'를 통하여 교인들을 하나로 모으는 효과가 있다. 전도 대상자들을 작정하고 꾸준히 기도하면서 사랑과 신뢰를 쌓으며 자연스럽게 복음을 전한다. 거리 전도, 초청 행사, 소그룹 모임 등을 통해 복음을 전하고, 전도된 새신자를 환영하고, 신앙성장과 교회정착을 돕는다.

④ 전도 특공대

교회성장운동이 주장하는 전도전략인 '전도의 은사를 활용하라'는 점에 착안하여, 전도의 은사를 소유한 10%에게 전도사역을 집중하도록 하는 것이며, 또한 믿은 지 3년이 안 된 새신자들을 전도에 적극 참여시키는 것이다.

⑤ 고구마 전도

○○○○교회의 김○○ 집사가 개인의 경험을 토대로 고안해 낸 전도법으로, 고구마가 익으면 젓가락으로 잘 찔리듯이 전도자의 접근이 있기 전에 이미 복음에 대한 수용성이 높은 전도 대상자를 잘 익은 고구마에 비유한다. 아직 수용성이 낮은 전도 대상자도 반복적으로 전도를 시도하다 보면, 결국 복음에 대한 수용성이 높아진다는 점에 착안하여 고안해 낸 한국식 전도법인 고구마 전도법의 핵심적인 네 마디는 "예수 믿으십니까?", "그래도 믿어야 합니다.", "너무 좋습니다!", "기도하고 있습니다."이다.

2. 관계중심 전도의 효과[27]

① 관계중심 전도가 효과적인 이유

래리 길버트는 엘머 타운즈가 1984년에서 1991년까지 실시한 조사결과의 도표를 통해서 전도 대상자들이 교회에 오게 되는 이유 중 '친구나 친척의 초대'의 비율이 단연 높음을 보여주고 있다.

사람들이 교회에 나오는 데 영향을 미치는 것들	
홍보	2%
조직적 방문	6%
목회적 접촉	6%
친구나 친척의 초대	86%

조지 헌터 3세는 "신앙은 대개 모르는 사람들 사이에서 퍼지는 것이 아니라 서로 친분이 있고 신뢰하는 사람들 사이에서 퍼진다."고 말한다.

---

27) 2012년 총회 전도정책 워크숍, "다양한 전도법의 최신경향에 대한 신학적 평가와 대안"(박보경 교수).

3. 지속적인 관계중심 전도전략

① 관계를 회복하고 그 관계를 통한 복음전도

가까운 곳에서 먼 곳으로 관계를 회복한다. 먼저 '자신 ▷가족 ▷친척 ▷친구 ▷사업동료 및 이웃 ▷아는 사람 ▷처음 만나는 사람' 7개의 그룹으로 나눈 후 각 그룹에 포함되는 사람들의 명단을 적고 그들과의 관계를 파악하고 조사한다.

② 전도자의 삶을 통해 그리스도에게로 초청하는 전도

관계를 쌓으면 가장 먼저 해야 하고 지속해야 할 일은 그들을 위해 기도하는 것이다. 그리고 그 사람에 대해 관심을 갖고 대화와 만남을 통해 관계를 발전시키고 필요를 채워 주면서 관계가 깊어진다면 그리스도에게로 초청할 수 있다.

③ 그리스도인의 질적 성숙에도 공헌하는 전도전략

전도는 이벤트가 아니다. 전도는 교회의 본질이자 사명이다. 그러기에 전도는 성도들의 일상이어야 하며, 지속성이 필요하다. 교회는 다양한 방법으로 전도의 문을 활짝 열어 놓고 성숙한 인간관계를 통해서 사회적 공헌에 적극 참여해야 한다. 최근의 환경문제 해결 등에 교회가 적극적으로 참여하며, 지역사회와 함께 선한 영향력을 끼치는 사회적 역할이 요청된다.

4. 기타 관계중심 전도전략

① 맞춤 전도전략

전도 대상자들의 나이와 성별, 관심에 따른 필요와 욕구를 분류하고 이에 따라 대상자들의 문화를 고려하여 복음제시를 시도한다.

② 소그룹 전도전략

1) 알파코스 전도전략은 영국의 성공회 교회인 'Holy Trinity Brompton(HTB)'에서 시작된 프로그램으로, 불신자들에게 복음을 전하고 신앙을 깊이 있게 배우도록 돕는 과정이다. 이 프로그램은 식사, 강의, 소그룹 토론을 중심으로 진행되며, 참석자들이 편안한 분위기에서 신앙을 탐구할 수 있도록 설계되었다.

알파코스는 '누구나 참여 가능(Anyone can come), 즐겁게 배우기(Learning and Laughter),

함께 식사(Pasta), 서로 돕기(Helping one another), 무엇이든 질문(Ask anything)'이라는 다섯 가지 핵심 요소를 기반으로 운영된다. 특히 성령수양회를 통해 성령 체험을 강조하는 부분이 특징적이며, 이를 통해 참석자들이 신앙을 더욱 깊이 경험할 수 있도록 한다.[28]

2) 두날개전도는 2002년 풍성한교회 양육 시스템으로 출발하여, 건강한 교회를 세우고 성도들이 신앙 안에서 성장하도록 돕는 체계적인 전도 및 양육 프로그램이다.
   - 초기 개념: 두날개전도는 단순한 복음 전파를 넘어, 신앙 공동체 내에서 지속적인 양육과 훈련을 통해 성도들이 스스로 전도할 수 있도록 돕는 구조를 갖추고 있다.
   - 세계비전두날개프로세스: 이 프로그램은 행복모임, 셀가족모임, 새가족반, 회복캠프, 양육반, 제자학교 등의 단계로 구성되어 있으며, 성도들이 점진적으로 신앙을 성장시키고 전도자로 세워지는 과정이다.
   - 전도 집중훈련: 두날개선교회는 매년 컨퍼런스와 집중훈련을 통해 목회자와 평신도를 양육하고, 건강한 교회를 세우는 데 초점을 맞추고 있다.

---

28) 유튜브채널 https://youtu.be/L6seRLrdTR8 및 알파코리아 홈페이지 https://alphakorea.org/apps/alpha_course 참고.

[나눔 및 적용]

1. 조별 나눔

① 관계 전도가 필요한 이유는 무엇인가? (4가지)

② 이 시대에 필요한 관계 전도의 접촉점은 무엇인가? (6가지)

③ 우리 교회에 적용할 수 있는 관계 전도방법을 생각해 보자.

2. 적용하기

① 하나님께서 내게 주신 인간관계망을 정리해 보자.
　　(가족, 친척, 친구, 이웃, 동아리, 학교, 직장, 교회, 기관, 병원, 기타)
② 내 인간관계망 안에서 예수님을 믿지 않는 사람(전도 대상자)은 누구인가?
③ 전도 대상자와의 접촉점은 무엇인가? (각 사람마다)

3. 기도하기

① 예수님을 믿지 않는 가족, 친척, 친구, 지인과의 관계를 회복하게 하소서.
② 영혼을 사랑하는 마음과 복음을 선포할 수 있는 담대함을 주소서.
③ 관계 전도를 통하여 영혼 구원의 풍성한 열매를 경험하게 하소서.

전도학습 TIP

1. 조별 나눔은 그동안 배운 것을 반복학습 형식으로 기억하며, 학습내용에 대한 자신의 생각을 나눈다.
2. 적용하기는 학습내용에 대한 질문을 통해서 자신을 성찰하고, 문제상황을 파악한다.
3. 기도하기는 학습내용을 바탕으로 함께 기도제목을 나눈다.

주간 전도과제

1. 전도유형

전도방법	☐ 개인　　　　☐ 그룹(2인 이상)
참석자	

2. 전도실천

전도대상	☐ 자주 교제하거나 연락하는 사이　　☐ 가끔 교제하는 사람 ☐ 안면 있는 사람　　　　　　　　　☐ 이웃 또는 직장동료 ☐ 불신자 가족 또는 지인　　　　　　☐ 기타 (　　　　)
기도하기	☐ 하루 10분　　☐ 하루 30분　　☐ 하루 1시간 이상 ■ 한 주간 총 기도시간 = 　시간　　분
전화(SNS) 연락	☐ 1명　　　　☐ 2명　　　　☐ 3명 이상 ☐ 단체 문자 또는 카톡방(10명 이상)　☐ 한 주간 (　　　)명
전도하기	주일 | 월 | 화 | 수 | 목 | 금 | 토
사랑나눔	▶베푸는 사랑(음식, 선물, 축하, 섬김 등) ▶띄우는 사랑(전도지, 편지, 문자 등) ▶만나는 사랑(식사, 취미활동<운동, 여행 등>, 장보기, 영화관람 등)

3. 전도 대상자

순번	이름	성별 남	성별 여	연락처	주소(거주지역)	재방문	등록
1							
2							
3							
4							
5							
6							
7							
8							
9							
10							

10 부록

1. 세대별 전도전략
2. 전도동력 사례
3. 관계 전도 사례

1. 세대별 전도전략

1. 전략적인 전도

전도는 성령님께서 하시는 일이지만, 사람들을 설득하고 예수 그리스도 앞에 나오게 만드는 일이므로 전략이 필요하다. 초대교회 순회 전도자로서 복음을 증거했던 사도 바울은 최상의 효과적인 전도를 위해서 전략적으로 일하였다. 사도행전과 서신서에 드러난 바울의 전도전략을 살펴보도록 하자.

가. 전도 동역자

"열두 제자를 부르사 둘씩 둘씩 보내시며 더러운 귀신을 제어하는 권능을 주시고" (막 6:7)

"그 후에 주께서 따로 칠십 인을 세우사 친히 가시려는 각 동네와 각 지역으로 둘씩 앞서 보내시며" (눅 10:1)

"바울은 실라를 택한 후에 형제들에게 주의 은혜에 부탁함을 받고 떠나 수리아와 길리기아로 다니며 교회들을 견고하게 하니라" (행 15:40-41)

바울은 결코 혼자 움직이지 않았다. 부득이한 경우를 제외하고는 항상 동역자들과 함께했다. 그의 주변에는 바나바, 마가, 실라, 누가, 디모데, 디도, 브리스길라, 아굴라 등 많은 동역자들이 있었다. 이것은 예수님이 친히 본을 보이신 일이다. 예수님은 제자들을 동네마다 파송하실 때 둘씩 짝을 지어 보내셨고, 70명의 제자를 보내실 때도 마찬가지였다. 이처럼 복음을 증거하는 일은 동역자가 필요하다. 혼자보다는 팀을 이루어야 한다. 그럴 때 서로에게 힘이 되고, 성령의 감동 가운데 사역할 수 있다.

나. 조직적인 전도팀 구성

"실라와 디모데가 마게도냐로부터 내려오매 바울이 하나님의 말씀에 붙잡혀 유대인들에게 예수는 그리스도라 밝히 증언하니" (행 18:5)

"그들은 먼저 가서 드로아에서 우리를 기다리더라" (행 20:5)

사도 바울은 영혼구원의 극대화를 위해 함께하는 동역자들이 효과적으로 사역하도록 하였다. 그들 중에는 먼저 가서 바울의 전도집회를 홍보하고 준비하는 선발대가 있었다. 이러한 준비는 즉흥적인 주먹구구식의 일이 되지 않도록 하기 위함이었다. 대표적으로 바울이 3차 전도여행 중 마게도냐를 떠나 예루살렘을 향해 가는 길에 드로아에서 7일을 머물며 전도집회를 하였을 때, 선발대 일행이 먼저 가서 집회를 준비하였다. 드로아는 바울이 2차 전도여행 중 마게도냐 환상을 보고 급히 이동하는 바람에 집회를 하지 못했던 곳이다. 바울의 마음에는 아쉬움과 미안함이 있었을 것이고, 이 때문에 3차 전도여행 중에 선발대를 통해서 더 많은 사람들이 복음을 들을 수 있도록 준비한 것이다. 또 후발대 역할을 하는 이들도 있었다. 그들은 바울이 떠난 다음에도 잠시 머물면서 성도들이 믿음에 굳게 서도록 독려하고 돕는 일을 하였다.

다. 영적 돌봄을 위한 후속조치

"며칠 후에 바울이 바나바더러 말하되 우리가 주의 말씀을 전한 각 성으로 다시 가서 형제들이 어떠한가 방문하자 하고" (행 15:36)

"내가 너를 그레데에 남겨 둔 이유는 남은 일을 정리하고 내가 명한 대로 각 성에 장로들을 세우게 하려 함이니" (딛 1:5)

"서로 돌아보아 사랑과 선행을 격려하며 모이기를 폐하는 어떤 사람들의 습관과 같이 하지 말고 오직 권하여 그 날이 가까움을 볼수록 더욱 그리하자" (히 10:24-25)

바울은 후발대 전도팀까지 완전히 떠난 후에도 그들에 대한 영적 돌봄을 소홀히 하지 않았다. 그들 중에서 현지 책임자를 선정하여 영적 돌봄이 지속적으로 이루어지도록 하는가 하면, 사역자를 별도로 파송하거나 남겨두어서 교회가 든든히 서 가도록 도왔다. 그레데에 디도를 남겨둔 이유가 그러하고 선교지를 지속적으로 반복하여 탐방한 이유도 그러하다. 당시는 헬라의 철학과 우상문화가 범람하는 상황이었다. 여기서 비롯된 영지주의 교리는 성도들의 믿음을 흔들어 놓기에 충분했다. 게다가 유대인들의 율법주의는 할례를 강요하여 복음의 정신을 흐려 놓았다. 따라서 바울은 이러한 도전에 맞서 흔들리지 않는 성도들이 되도록 후속적인 조치에 힘을 기울였다.

"내 양을 치라"(요 21:16)는 예수님의 말씀은 성도들로 하여금 믿음에서 떨어지지 않도록 하는 돌봄의 사역을 말한다. 성도는 믿음에서 떨어지지 않고, 세속의 가치관에 물들지 않도록 서로를 격려하고 돌봐 주어야 한다(히 10:24-25).

2. 세대별 전도전략

가. 눈높이 전도전략

"유대인들에게 내가 유대인과 같이 된 것은 유대인들을 얻고자 함이요 율법 아래에 있는 자들에게는 내가 율법 아래에 있지 아니하나 율법 아래에 있는 자 같이 된 것은 율법 아래에 있는 자들을 얻고자 함이요 율법 없는 자에게는 내가 하나님께는 율법 없는 자가 아니요 도리어 그리스도의 율법 아래에 있는 자이나 율법 없는 자와 같이 된 것은 율법 없는 자들을 얻고자 함이라 약한 자들에게 내가 약한 자와 같이 된 것은 약한 자들을 얻고자 함이요 내가 여러 사람에게 여러 모습이 된 것은 아무쪼록 몇 사람이라도 구원하고자 함이니 내가 복음을 위하여 모든 것을 행함은 복음에 참여하고자 함이라" (고전 9:20-23)

바울은 복음을 효과적으로 증거하기 위해 다양한 모습으로 다양한 접근을 시도했다. 유대인들에게는 율법 있는 자처럼, 이방인들에게는 율법 없는 자처럼 다가간 것이다. 바울의 전도가 효과적이었던 이유가 여기에 있다. 그는 세대별, 종교별, 문화별로 전도전략을 달리했다. 복음의 내용은 간직하면서 그릇만 달리한 것이다. 알맹이는 그대로이지만 환경에 따라 옷을 수시로 갈아입었다. 오늘 우리는 속도의 시대를 살고 있다. 갈수록 세대 간 격차는 벌어지고, 직종과 사회적 지위, 소유의 차이에 따른 정서적 이질감이 더해 가고 있다. 복음은 이 모든 것들을 하나로 묶어 줄 수 있는 신비한 능력이 된다. 그러나 그들이 복음을 알기까지는 눈높이 전략이 필요하다.

나. 세대별 특징

1) 영유아, 유치

모든 것이 새롭고, 보고 듣는 것을 습자지와 같이 흡수하는 시기이다. 인격도, 정서적 세계도 이 시기에 형성되기 시작한다. 따라서 이들에게 하나님 말씀을 심어 주는 일은 더없이 귀한 일이다. 특별히 사랑의 손길이 많이 필요한 시기이므로 돌보는 이들의 헌신이 많이 요구된다. 이 시기의 아이들에게는 부모의 역할이 절대적이다. 따라서 영유아, 유치 시기의 전도는 부모의 관심을 발견하고 필요를 채워 주어야 한다.

2) 아동
누가복음은 예수님이 어린 시절, 하나님과 사람들의 사랑을 받고 지혜롭게 자라 가셨다고 언급하고 있다. 한 사람이 온전한 신앙인으로 성장하기 위해서는 하나님의 사랑과 사람들의 축복이 필요하다. 아동의 시기는 새싹과 같다. 새싹은 약하기에 보호해 주어야 하고, 돌봄이 필요하다. 좋은 양분이 필요하다. 그래야 성장한다. 우리는 어린 새싹에서 흐드러진 가지와 꽃 열매를 볼 수 있다. 이 양분은 전 교회적인 격려과 사랑, 돌봄을 통해서 공급된다.

3) 청소년
청소년은 신체적, 정서적인 변화를 통해 자기 자신을 만들어 가는 시기이다. 의존적인 자아가 독립적이고 주관적인 자아로 형성되기 때문에 많은 갈등을 만날 수 있다. 신앙적으로도 부모의 그늘을 벗어나서 자신의 고백이 있을 때에만 적극적인 움직임을 보인다. 이러한 이유로 자신의 고백과 확신을 가져야 하는 시기이다. 또한 또래 간에 공동체성이 형성되고 공동체의 움직임에 많은 영향을 받게 된다. 이들을 위한 전도전략은 청소년들의 심리를 잘 파악해서 접근해야 할 것이다.

4) 청년
청년은 자기 주관이 뚜렷해지면서 비전과 부르심에 대한 응답을 강하게 형성할 수 있는 시기이다. 학업과 취업 준비 등으로 세속적인 가치관 속에서 씨름하는 이 시기에 삶에 대한 진지한 고민과 방향 설정에 도움을 줄 수 있는 성경적 가치관을 심어 주어야 할 것이다.

5) 장년-3040
가정을 이루어서 어린 자녀들 혹은 성장기 자녀들을 둔 세대로서 직장생활의 스트레스, 경제적인 압박감, 부부간의 갈등, 자녀양육의 어려움 등을 안고 있는 시기이다. 이 시기는 신앙적으로도 갈등과 혼란을 경험하기도 한다. 특별히 자녀들의 양육문제에 관심을 많이 기울이고 있기 때문에 자녀들을 통한 전도전략이 중요할 수 있다.

6) 노년

사회생활에서의 은퇴연령은 낮아지고 고령화에 따른 은퇴 이후의 시기는 상대적으로 길어졌다. 따라서 은퇴 이후의 삶을 제2의 인생이라고 표현하기도 한다. 지금까지는 은퇴자들을 배려의 대상으로 생각했다면, 이제는 이들이 자신이 가지고 있는 인생의 지혜를 잘 활용할 수 있는 가치 있는 삶을 살도록 해야 할 것이다.

다. 세대별 전도전략을 위한 준비

우리는 성경적인 근거와 세대별 특징으로 세대에 맞는 전도전략이 필요하다는 사실에 공감한다. 그러하기에 전도의 효율화, 극대화를 위해서 세 가지 면에서 힘을 기울여야 할 것이다.

1) 영적인 무장

이것은 전도의 전략과 기획 여부와는 별개로 가장 기본이 되어야 할 부분이다. 전도는 영적 전쟁이고, 따라서 영적인 무장을 해야 한다. 즉, 전도에는 반드시 기도와 말씀이 수반되어야 하는 것이다. 말씀으로 복음을 제시할 수 있고 기도로 담대하게 상황을 돌파해 나갈 수 있다. 이런 근거로 전도자는 기도자여야 하고, 기도와 전도는 하나와 같이 움직인다.

2) 다양한 전략

우리가 섬기는 교회는 다른 교회와 주어진 상황과 환경이 다르다. 따라서 다른 교회에서 잘 되는 전략이 우리 교회에서는 효과적이지 않을 수도 있는 것이다. 이런 현상을 극복할 수 있는 것은 우리 교회의 상황에 맞는 최적화 전략을 찾는 것이다. 따라서 세대별 전도전략은 전도자가 속한 교회에서 함께 찾아가야 한다. 어느 특정한 방법을 정답이라 말할 수 없다. 다양성을 인정하고 다양한 방법을 모색해야 한다.

3) 지략을 향한 열심

이렇게 각 교회마다 효과적인 전략이 다를 수 있다는 것을 인정한다면, 전도자들은 자신이 속한 교회에 맞는 최적의 전략을 찾아야 한다. 그래서 필요한 것이 성령의 감동을 위한 기도, 토론과 나눔, 활동 보고의 시간이다. 이것을 필자는 '지략을 향한 열심'이라 말하고 싶다. 시대적인 가치관이 변하고 상황은 매번 달라진다. 따라서 성령의 감동에 의한 가장 효과적인 전략을 세워 가려는 지혜와 지식을 모으는 열정이 필요하다. 영혼사랑과 구원을 위한 뜨거운 마음에 하나님께서는 항상 좋은 전략을 감동 가운데 주실 것이다. 따라서 전도대원들은 함께 기도하고 함께 나누고 지혜를 모아가는 과정을 반드시 가져야 한다.

3. 세대별 전도전략의 예시들

다음 예시들은 필자의 경험과 참고자료들을 토대로 한 각 세대별 전도전략 접근방법들이다. 위에서 언급하였듯이 각 교회의 상황에 따라 최적의 전도전략을 세우는 일은 각 교회의 몫이기에 여기 소개된 내용은 참고용으로 활용하면 될 것이다.

가. 영유아, 유치

1) 성경요리 "요리랑 놀자" 〈복음 쿠킹 클래스〉

직장인 부모들은 아이와 함께하는 주중활동에 한계를 가지고 있기 때문에 주말을 이용해서 아이와 함께하는 쿠킹 클래스에 참여하는 사례가 늘어나고 있다. 이러한 필요를 교회에서 준비한 쿠킹 클래스로 채워 줄 수 있다. 성경에는 복음을 통해 소개할 수 있는 음식들이 있다. 식재료, 과일 등을 이용하여 복음 메시지를 나타내는 형상과 모양을 만들 수 있고, 만든 것을 집으로 가져가도록 하면 부모에게도 좋은 영향을 줄 수 있다.

복음 쿠킹 클래스가 좋은 이유는 우선 아이들이 즐겁게 참여할 수 있다는 것이고, 반별활동을 통해서 선생님과 친구들과 원활한 관계를 형성할 수 있다는 것이다. 가장 중요한 것은 복음을 귀로 듣는 것만이 아니라 체험을 통해 더 깊이 기억 속에 새겨 준다는 것이다. 준비하는 교사들의 수고가 뒤따르지만, 주일 반별활동 시간, 혹은 토요일 특별활동 시간을 통해서도 진행할 수 있다. 또한 평소에 품고 있는 불신자를 초청할 수 있는 좋은 기회가 될 수 있다.

· 개요: 재미있게 성경요리를 하면서 말씀을 이해하고 적용함으로 신앙교육에 집중한다.
· 시간: 토요일 오전 10:00~11:30, 4주간
· 교육진행표

주차	성경본문/주제	요리
1주차	창세기 9:13 [무지개 언약]	무지개 컵밥
2주차	요한복음 6:48 [생명의 떡]	바람 떡

3주차	창세기 25:21~34 [장자권]	딸기청
4주차	요한복음 3:16 [구원과 영생]	복음 케이크

2) 주말교실 〈통찰력학교〉

문화 세대인 아이들의 눈높이에 맞춘 세계관 학교이다. 어린아이 때부터 성경적 세계관을 심어 줄 수 있는 시간으로 예수님이 주시는 5가지 힘(생명력, 통찰력, 분별력, 창의력, 변증력)을 배움으로써 마음을 지키도록 하는 교육과정이다. 이 훈련에는 부모가 함께 참여한다. '학교'라는 이름이 붙어 있지만 딱딱한 이론교육이 아니라, 찬트와 동영상을 통해서 아이들이 적극적으로 참여할 수 있는 시간이다.

· 개요: 문화 세대인 아이들의 눈높이에 맞춘 세계관 학교
· 시간: 토요일 오전 10:00~11:30, 6주간
· 교육진행표

주차	주제	성경본문
1주차	통찰력학교란	오리엔테이션
2주차	생명력	요한복음 10:10
3주차	통찰력	에베소서 1:8
4주차	분별력	로마서 12:2
5주차	창의력	전도서 12:9
6주차	변증력	베드로전서 3:15

나. 아동

1) 삭개오 전도법

어린아이들을 전도하기 위한 4가지 단계가 있다. 다음 4가지를 잘하면 아이들에게 쉽게 접근할 수 있고, 마음을 열고 전도의 길로 나아갈 수 있다.

① 인사하기

"삭개오야 안녕!" 하시는 예수님의 말씀처럼 "○○야! 안녕!" 하며 반갑게 인사한다.

② 함께 놀아 주기(걷기, 운동)

예수님은 삭개오와 함께 그 집을 향하여 걸어가셨다. 아이들과 동행하며 함께 시간을 가

지는 것이고, 함께 놀아 주는 것이다.

③ 함께 음식 먹기

예수님은 삭개오와 함께 앉아 음식을 드시면서 대화하셨다. 분식, 아이스크림 등 아이들이 좋아할 만한 것을 함께 먹으면 마음이 열리고, 귀가 열리게 된다.

④ 말씀 전하기

이때 예수님에 대해 소개하고 말씀을 전한다. 어느 세대이든 말씀을 전할 수 있는 단계까지 마음을 여는 과정, 관계를 맺는 시간이 필요하다. 여기에는 친절한 인사와 친구 됨, 음식의 섬김 등이 효과적이다. 특별히 아이들과 쉽고 간단하게 할 수 있는 게임은 가위바위보, 점프놀이, 참참참(고개 돌리기) 등이 있다.

2) 파자마 파티

파자마 파티는 아동부 시기에 아주 효과적인 전도의 매개체가 된다. 세상에서는 '불금'이라는 표현으로 육신의 만족을 영위해 가지만, 교회에서는 아주 건전하게 신앙적인 문화를 익히고 즐기는 시간을 가질 수 있다. 실제적으로 이 시간을 통해서 초청받아 교회에 오는 아이들이 많이 있다. 먼저 금요일 저녁시간에 바비큐로 아이들의 입을 즐겁게 해 준다. 교사들의 수고가 수반되어야 할 일이지만, 즐겁게 먹고 기뻐하는 아이들의 모습에 힘이 절로 난다. 이후에 실내에 텐트를 치고, 찬양과 율동, 즐거운 게임으로 마음의 벽을 허물어 주고, 초청된 아이들에게 복음 메시지를 통하여 예수님을 소개한다. 또 주일예배를 권하고 기도해 준다. 이후 시간은 재미있고 유익한 애니메이션 영화를 보고 취침하도록 한다. 다음날 아침에는 산책도 하고, 식사도 하면서 모든 시간을 마무리한다. 마치 약식 수련회와 같이 진행하되, 더 많은 친구들이 참여할 수 있도록 눈높이를 맞춰 준다.

·개요: 거룩한 놀이터, 교회에서의 행복한 추억 만들기
·시간: 금요일 오후 5:00~토요일 오전 10:00
·진행표

요일	시간	내용
금요일 (오후)	5:00-7:00	바비큐 파티
	7:00-8:00	찬양, 복음 메시지

	8:00-9:00	게임
	9:00-9:20	자율시간
	9:20-11:00	애니메이션 영화 상영
	11:00-	취침
토요일 (오전)	7:00-8:00	아침식사
	8:00-9:00	산책
	9:00-9:30	아침묵상
	9:30-10:00	정리 및 귀가

3) 총출석주일과 친구초청예배

총출석주일은 매월 마지막 주일로 정하여 한 달에 한 번 진행한다. 또 친구초청예배는 일 년에 두 번씩 진행하되 부활주일, 추수감사주일 등을 활용하면 좋다. 미리 초청장을 준비하여 2주 전부터 초청장을 나누어 주고, 아이들이 좋아할 만한 특별한 공연 등을 준비하여 진행하면서 맛있는 간식도 제공한다. 교사와 학생 모두가 전도와 초청에 힘을 기울일 수 있도록 이끌어 준다.

다. 청소년

1) 학교별 동아리 모임

교회에서 리더 역할을 하는 학생들을 중심으로, 그들이 다니는 학교에서 크리스천 교사들의 도움을 받아 기도 모임을 구성하는 것이 좋다. 이 모임을 통해서 학교 내에서 학생들이 전도할 수 있는 길을 열어 주는 것이다. 청소년들 중에는 초등학생 때 교회를 한두 번씩 다녀본 아이들이 있고, 학업의 스트레스 등으로 고민하는 그들에게 '기도 모임'은 좋은 전도의 매개가 될 수 있다. 일주일에 한 번씩 모임을 통해서 찬양하고, 말씀을 나누고, 기도하는 순서를 진행하고, 교회에서는 간식비 등을 지원하면서 관심을 가져 준다. 이런 통로를 통하여 교회의 문턱을 낮추어 주고, 적절한 시기에 주일예배의 자리로 초청할 수 있다.

2) 학교 앞 데이트

사역자와 담당 교사들이 학생들이 있는 학교 앞으로 찾아가는 것이다. 하교길에 짧은 시간이지만, 학교 앞 분식집 등을 이용하여 함께 온 친구들과 음식을 나눈다. 이런 시간을 통하여 교회를 소개하고 관계를 맺으면서 예배의 자리로 인도할 수 있다.

라. 청년

1) 소그룹 모임을 통한 초청

청년들은 소그룹을 통해 활성화가 가능하다. 청년들의 소그룹은 꼭 교회공간이 아니더라도 어디에서나 가능하다. 카페와 캠퍼스, 패스트푸드 식당, 공원 등을 이용할 수 있다. 불신자들은 소그룹을 통하여 기독교에 발을 들여놓도록 하는 것이 효과적이다. 소그룹의 장점은 교회로 바로 초대하는 것보다는 부담이 덜하다는 것이다. 식사나 간식, 커피를 함께 나눔으로써 친밀함을 느낄 수 있고, 마음을 오픈할 수 있다. 이런 초청을 통하여 기독교에 대한 반감을 덜어 주고 신앙에 대한 목마름을 해소해 줄 수 있다. 소그룹 모임은 말씀과 나눔이 균형을 이루도록 하고, 반드시 불신자에 대한 섬김과 기도제목을 나누고 그들을 초대할 수 있는 분위기가 형성되도록 해야 한다.

2) 캠퍼스 선교 동아리 지원

교회에 출석하는 청년들 중에는 지역 캠퍼스에 재학 중인 학생들이 있을 것이다. 그들을 통하여 캠퍼스 선교 동아리들을 지원하는 방식으로 전도의 폭을 넓힐 수 있다. 교회 공간을 모임 장소, 사역·예배 장소로 개방해 주는 일, 그들의 캠퍼스 전도를 위해 재정으로, 차량으로, 전도용 주먹밥 만들기 등으로 섬길 수 있다. 이러한 섬김은 선교 동아리를 통하여 예수님을 영접한 청년들을 지역교회로 연결하는 기회가 되기도 한다. 이러한 캠퍼스 선교 동아리 지원 사역은 선교단체와 교회 모두가 유익을 얻는 이중효과가 있다. 청년들을 조건 없이 지원하는 일에는 리더십들의 열린 마음이 필요하다. 교회는 청년들의 전도와 영혼구원을 위해 애쓰는 선교단체들을 지원함으로 간접전도의 결실을 얻을 수 있다.

3) 시설 확충을 통한 전도

교회 안에 청년들이 언제든지 찾아올 수 있는 공간을 마련하는 것은 청년부 활성화에 도움이 될 뿐만 아니라 전도의 통로가 되기도 한다. 교회 안에 편하게 이용할 수 있는 간단한 조리시설을 만들어 주는 것도 좋고, 라면, 간식 등을 간식박스 안에 늘 채워 놓는 것도 좋은 방법이다. 음악에 관심이 있는 청년들을 위해 악기와 녹음 시설을 마련해 주는 것도 유익할 수 있다. 또 게임과 영화시청이 가능한 TV와 콘솔 게임 등의 시설도 필요할 수 있다. 교회는 오고 싶은 공간이 되어야 한다. 교회는 거룩한 놀이터이다. 먹을 것이 있고, 즐길 것이 있다면 한 번이라도 더 찾을 수 있고, 그 속에서 신앙성장을 위한 다양한 활동을 이어갈 수 있다. 또 친구들을 초청할 수 있는 좋은 통로가 된다. 갈수록 다음세대에 대한 전도가 어려운 이때, 세대별로 그들의 필요를 채워 줌으로써 오고 싶은 교회를 만들어 가야 한다.

마. 장년-3040
1) 가정목장 모임을 통한 초청

가정을 오픈하는 것을 꺼려하는 시대적 경향이 있다. 그러나 한 번 가정을 오픈하면 교회공간에서 모이는 것보다 탁월한 효과를 볼 수 있다. 가정을 오픈한다는 것은 삶의 일부를 오픈한 것과 같고, 거기서부터 더 깊은 교제를 이어갈 수 있다. 가정목장은 음식과 간식 등을 나누는 일에서도 자유롭다. 이 모임은 원칙적으로 부부모임으로 진행하고, 남성들이 앞장설 수 있도록 한다. 부부목장을 가정에서 진행할 때 얻을 수 있는 효과는 부부간의 갈등해소와 상처의 치유이다. 타인의 가정을 통해서 좋은 것을 본받고 가르침을 공유하게 된다. 또 남성들이 영적인 제사장으로 설 수 있는 기회를 준다. 특별히 이 모임에는 자녀들이 함께 동참할 수도 있는데 이러한 경우 자녀들을 축복하는 시간을 가진 이후에 '어린이목장'을 이어가도록 배려해 준다. 가정목장의 또다른 중요한 포인트는 불신자를 섬기는 일이다. 모임 중에 불신자 근황을 나누고, 어떻게 섬기고, 기도하는지를 공유한다. 그렇게 해서 초대된 불신자가 있을 때는 불신자 중심으로 모임을 진행하도록 해야 한다. 그렇게 해서 관계가 맺어지게 되면 무르익은 시기에 교회에 초청한다. 이 일은 절대 서두르지 않고 자원하는 마음으로 참여하도록 해야 한다. 목장모임을 통한 초청은 교회로 인도하기 어려운 불신자들이 좀 더 쉽게 복음으로 나아오도록 하는 목적이 있다. 많은 불신자들이 기독교에 대한 반감을 가지고 있다. 오해도 있고, 막연한 불신과 부정적인 감정이 존재한다. 목장모임은 이러한 부정적인 면을 해소시켜 주는 데 탁월하다. 따뜻한 분위기 속에서 기독교에 대한 오해, 교회에 대한 불신의 감정을 걷어낼 수 있다. 더 나아가 기독교 신앙에 대해 알고 싶은 마음이 싹트게 된다. 이 일에는 목장모임을 섬기기 위해 준비된 섬김이가 필요하다. 담임목사는 리더 자원을 세워 주고 그들로 하여금 섬김의 사역을 잘 감당할 수 있도록 뒷받침해 주어야 한다.

아래는 목장모임 순서의 예이다.

시간(오후)	내용	설명
7:00-7:40	식사 및 간식	가급적 공동식사를 할 것
7:40-8:00	설거지 및 주방 정리	형제들이 설거지를 담당
8:00-8:10	찬양	찬양 담당자가 인도(악보 준비)
8:10-8:20	교회광고 및 목원소식	담당자를 선정하여 진행
8:20-8:25	한 주간 하나님 성품 고백	각자가 한마디로 하는 고백
8:25-8:35	주일 말씀 요약	담당자를 선정하여 진행
8:35-9:10	나눔의 시간	말씀, 한 주간 하나님 성품 고백 등 나눔
9:10-9:20	VIP 근황 및 기도제목 나눔	VIP를 어떻게 품고 섬기는지를 나눔
9:20-9:30	기도 마무리	돌아가면서 기도

2) 가정 세미나, 나들이 및 단합대회

3040세대가 가지고 있는 공통분모를 잘 활용하여 가정 세미나, 자녀양육 세미나, 부부강좌 등으로 유익한 정보를 제공해 주고, 나들이 및 단합대회 등으로 교회생활에 즐거움을 주고, 동역자들과 함께하는 기쁨을 만들어 준다. 불신자들은 한번에 신앙을 갖기 어렵다. 꾸준하고 지속적으로 마음을 열기에 유익한 것들을 제공해 주고, 그 속에서 신앙이 생기도록 사랑의 섬김, 중보기도를 쉼 없이 해야 한다. 교회는 다양한 채널을 통해서 불신자들이 교회를 방문할 수 있도록 기회를 만들어 주어야 한다.

바. 노년

1) 찾아가는 전도 〈사랑 나눔 봉사대〉

교회 안의 전도대나 심방대원이 팀이 되어서 전략적으로 독거노인, 저소득 취약계층의 노인들을 방문하여 그들의 필요를 채워 준다. 독거노인 가정은 동 행정복지센터를 통해서 파악할 수 있다. 필자의 교회는 절기마다 이들 가정을 방문하여 준비한 작은 선물을 드리고, 관계를 형성한다. 이들은 인생에 찾아온 외로움과 고독, 빈곤과 질병에 맞닥뜨려 있다. 이들에게 필요한 것은 먼저 곁에 다가갈 수 있는 따뜻한 마음이다. 그들과 말벗이 되어 주고, 관심을 가져 줄 때 마음이 열리고 복음을 제시할 수 있는 기회가 찾아온다.

2) 찾아가는 전도 〈부모님 방문전도〉

교회 성도들 중에는 믿지 않는 부모님을 둔 이들이 여전히 많다. 이들에게 부모님의 임종이 가까워지기 전에, 혹은 의식이 흐려지기 전에 복음을 전할 수 있는 기회를 만들라고 적극적으로 권면한다. 이때 권면을 받고 순종한 가정으로 즉시 목회자가 방문하여 핵심적인 복음을 전하고 영접기도를 드리도록 한다. 이 일은 십자가에서 구원받은 강도와 같이, 주어진 시간이 얼마 남지 않은 자들에게 전할 수 있는 찾아가는 전도이다.

3) 행복나들이 초청

교회는 노년의 시기에 계신 분들에게 함께할 수 있는 시간을 많이 제공해야 한다. 그 좋은 방법이 '행복나들이'이다. 이를 통해서 예배의 자리를 멀리하고 계신 어르신들을 초대할 수 있다.

4) 지역어르신 초청잔치 〈청바지 Day〉

청바지라는 말은 '청춘은 바로 지금부터'의 줄임말이다. 은퇴 이후 활력을 잃어버린 어르신들에게는 할 수 있다는 자신감이 필요하다. 이분들을 초청하여 따뜻한 섬김으로 그 마음을 북돋아 준다. 그리고 예수님을 만나면 새로운 인생이 시작된다는 사실을 알려 주며 청년같은 새 삶을 살 수 있다는 자신감을 심어 준다.

2. 전도동력 사례

1. ○○교회 전 교인 전도대행진 사역 - 영혼사랑 온도계[29]

1) 전도대행진 성경적 원리
① 전도는 목회사역의 일부가 아니라 전부이다. (마 28:19-20)
② 전도는 프로그램을 통해서가 아니라, 기도를 통해서 이루어진다. (행 4:29-31)
③ 전도는 개인이 할 일인 동시에 교회가 함께 할 일이다. (마 18:19-20, 행 2:41-42, 47)

---

29) 평촌교회에서 전 교인 전도대행진 사역을 했던 것을 전도동력 사례로 참고.

2) 전도대행진 이해

 ① 기도를 통하여 전도를 하도록 한다. (전도에 대한 새로운 접근방법 - 전도의 결과보다 과정을 중요시하게 하라.)

 ② 전 교인이 전도를 위한 모든 활동을 작정하고 매주 각 개인이 한 주간의 기도시간과 전도시간을 체크해서 제출하여 전도의 목표를 이루어 간다.

 ③ 기도시간: 새벽기도회 참석(30분), 금요기도회 참석(1시간), 중보기도회 참석(1시간), 주일기도회 참석(1시간), 개인기도(교회, 가정) 등

 ④ 전도시간: 전도 대상자를 위하여 헌신한 시간(전도교육, 전도대, 개인전도 등)

3) 전도대행진 핵심사항

 ① 누구나 전도할 수 있도록 한다. 전도보다 기도를 강조하여 자연스럽게 전도하도록 한다.

 ② 교회 전체 목표와 교구별, 개인별 목표를 정하고 실천하게 한다.

 ③ 매주 진행사항을 게시하도록 한다.

 ④ 기간 중에 초청잔치를 하여 전도 대상자를 초청하도록 한다. (부활절, 추수감사절 등)

 ⑤ 기간 동안 전도하고, 기도하는 장을 마련한다. (전도학교, 교구전도, 중보기도학교 등)

 ⑥ 전도결과에 대하여 격려한다. (전도와 기도에 대해 별도로 시상)

4) 전도대행진 기획안 예시

 가) 주제: 영혼사랑의 온도를 높입시다! (막 1:35-39)

 나) 기간: 2월 5일~5월 27일 (16주간)

 다) 목표

  ▶ 전 교인 5만 기도온도 높이기! 500명 영혼 전도온도 높이기!

  ▶ 개인 일주일에 1시간 이상 기도하기! 1영혼 이상 전도하기!

  교구별 - 60명 이상 전도 / 6,250시간 기도

  구역별 - 2명 이상 전도

  개인별 - 일주일에 1시간 중보기도(교회) / 1명 전도

 라) 참여대상: 1~6교구, 청년, 교회학교

 마) 전도방법

① 각 개인이 한 주간의 전도시간을 체크하고 각 교구별 함에 넣어서 전체 기도시간과 전도의 목표를 이루어 가는 방법
② 각자 한 주간 교회에서 기도한 시간을 매주 기도온도 쿠폰에 적어서 각 교구별 함에 넣어서 기도시간을 체크하는 방법

바) 전도목표

	1교구	2교구	3교구	4교구	5교구	6교구	청년	교회학교	합
기도온도	6,250도	6,250도	6,250도	6,250도	6,250도	6,250도	6,250도	6,250도	50,000도 (시간)
전도온도	60도	60도	60도	60도	60도	60도	60도	100도	520도 (전도)

사) 일정

▶ 매주 화, 목, 금 10:30~12:00, 수 1:00 중보기도 모임

2월 1일	전도대행진을 위한 월삭기도회
2월 5일	전도대행진 시작 (1~4부: 전도작정, 찬양예배 시: 전도대행진 선포식〈교구별〉)
2월 7일~11일	한 주간 교구별 집중 기도회 (저녁 8시) 화-1, 2교구 / 수-3, 4교구 / 목-5, 6교구 / 금-전 교인 / 토-청년부, 교육부
2월 15일	교구 전도대 시작 (매주 수요일 교구전도, 전도 대상자 전도 체크)
3월 4일	전도 간증 1
3월 5일	중보기도학교 시작 (4주, 월)
4월 1일	전도 간증 2
4월 8일	영혼사랑 초청잔치 1
5월 6일	구역 초청의 날 1
5월 13일	구역 초청의 날 2
5월 20일	청년 초청 (청년부 주관)
5월 27일	전도대행진 마감
6월 3일	전도대행진 시상 (교구, 구역, 개인)

아) 구호

"한 영혼을 주께로! 한 영혼을 구하라! 찾으라! 두드리라!"

"전도는 영혼사랑으로부터! 기도온도를 높입시다! 전도온도를 높입시다!"

자) 시상 -교구, 구역, 개인 (전도와 기도)

차) 전체 게시판 (영혼사랑 온도계)

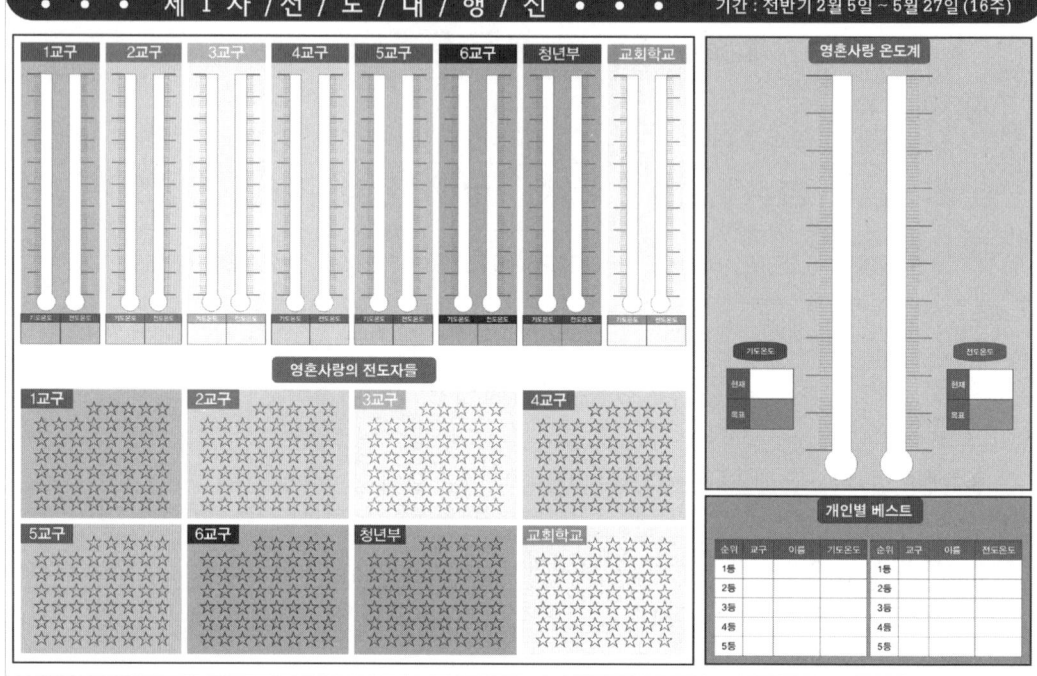

2. 전 교인 전도대행진 사역 - 육만시간 전도대행진

1) 핵심사항

① 모든 성도가 한 주에 적어도 2시간 이상을 하나님께 전도로 헌신하자는 내용으로 6만 시간 전도대행진을 진행한다. 6만 시간을 한 개인이 채우려면 자그마치 약 7년이 걸린다. 그러나 전 교인이 함께 전도한다면 쉽게 달성할 수 있는 시간이다.

② 전 교인이 한 주에 2시간 헌신하여 전도하자. 전도는 어려운 것이 아니라 쉬운 것이고, 전도는 특별한 것이 아니라 일상적인 것이다. 얼마나 사람들을 많이 데리고 오느냐가 아니라 꾸준히 시간을 헌신하는 쪽으로 전도의 포커스를 맞추었다. 그래서 교인들로 하여금 전도에 대한 부담감을 줄여서 전도에 참여하도록 하였다.

③ 막상 교인들에게 2시간 전도하자는 말만 하고 전도를 동력화하거나 전도의 방법을 가르쳐 주지 않으면 아무 소용이 없다. 그래서 전도는 조직화가 중요한 것이다. 사실 전도의 성패는 어떻게 전도를 조직화하느냐에 달려 있다.

2) 전체 게시판

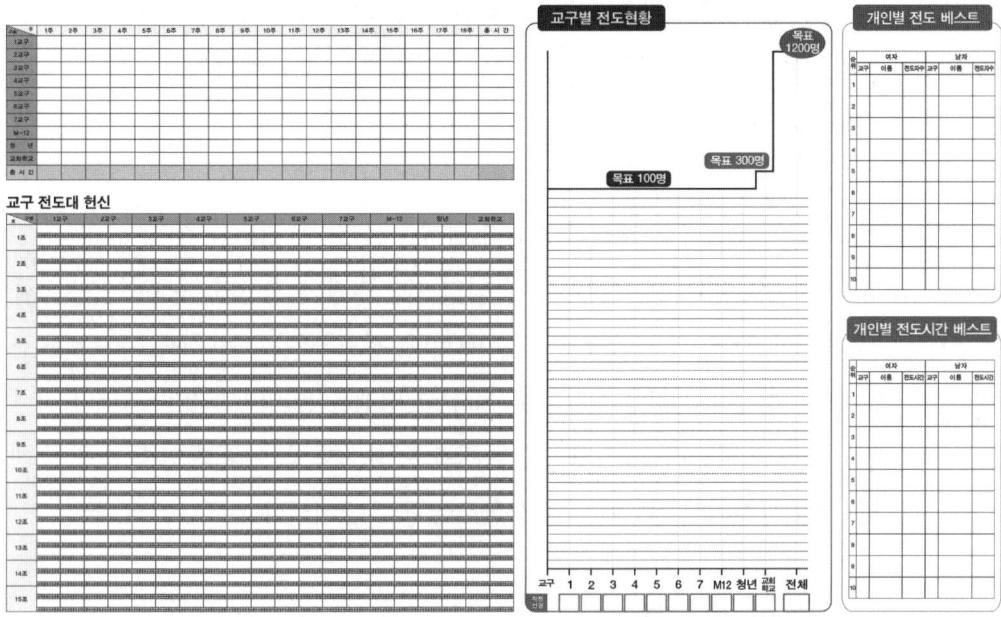

3. 전도대행진 사역을 통한 다양한 전도 동력화

1) 모둠별(교구, 남선교회, 청년부, 교회학교) 요일 전도

6만 시간 전도대행진을 효과적으로 이루어 내기 위해서 각 모둠별(교구, 남선교회, 청년부, 교회학교)로 전도 요일을 정해서 교구목사와 함께 전도하는 것을 원칙으로 한다. 교구담당 목사들이 전도지를 들고 교구식구들과 함께 전도하는 날짜를 정해서 2시간 이상 전도하여 교구식구들을 전도의 현장으로 끌어들이도록 한다.

2) 교구별 40인 전도대 구성

교구별로 요일을 정해서 전도를 할 때는 그 중심이 되는 40인 전도대를 구성하여 교구 전도를 이끌도록 하였다. 여기에 속한 40인의 구성원은 리더와 헬퍼이며 실제적으로 목장을 이끄시는 분들이다. 물론 이들은 자신들만 전도에 참여하는 것이 아니라 교구식구들을 전도로 이끄는 핵심요인들이다. 이들을 통하여 교구 전도의 활성화를 꾀하여 전도대행진이 소그룹으로 확산될 수 있도록 한다.

3) 전도대 사무실 상시 운영

전도대행진을 성공적으로 이끌기 위해서는 교회 전도대가 교인들이 전도를 하는 데 실제적인 도움을 주어야 한다. 그래서 월요일부터 토요일, 오후 2시에서 4시까지 전도를 하고 싶지만 실제적으로 전도를 못하시는 분들이 이 시간대에 전도대 사무실에 와서 전도대를 도와 함께 기도하여 전도를 가능하도록 한다.

4) 모둠별로 전도시간과 전도수를 게시하여 선한 경쟁을 불러일으키도록 한다.

적어도 모둠별로 1차 전반기(10개 모둠이 18주 동안) 3만 시간을 채우기 위해서는 한 모둠별로 1,700시간을 채워야 한다. 각 모둠별로 기본 100명을 전도하고, 교회학교는 300명을 전도하여 전체 1,200명을 전도하는 것을 목표로 하여 선한 경쟁을 불러일으킨다. 그러나 지나치게 숫자에 초점은 맞추지 않는다. 그리고 개인별 베스트 전도자 남, 여와 개인별 한 주간 베스트 전도시간 남, 여를 선정해서 전도에 대한 선한 경쟁을 유발시킨다.

5) 직장인, 학생들도 전도 참여 가능

흔히 전도라고 하면 교회에 꼭 나와서 하는 것을 의미하지만, 절대로 그렇지 않다. 직장인들도 직장에서 직원들과 함께 교제하며 자연스럽게 전도하도록 한다. 식사하면서, 함께 운동하면서 자연스럽게 복음을 제시하며 전도하여 꼭 우리 교회가 아니더라도 가까운 교회에 나갈 수 있도록 한다. 이것이 생활 속의 전도인 것이다. 혹시 직장과 공부 때문에 전도가 힘들면 토요일과 주일에 집중적으로 전도하여 전도시간을 채워 나간다.

6) 축복전도 자가점검카드와 전도쿠폰을 적극 활용한다.

한 주간 전도로 헌신한 것은 반드시 교회에 와서 각 모둠별 전도함에 넣어서 한 주간의 총 전도시간을 체크한다. 한 주에 여러 번 나와서 전도해도 된다. 적어도 자신이 작정한 전도시간은 반드시 채우도록 한다. 전도쿠폰에 이름과 날짜와 전도시간을 체크하여 개인별로 자신의 시간을 채운다. 그리고 전도는 생활 속에서 늘 스스로 체크해야 하기 때문에 전도 자가점검카드를 나눠 주고 늘 주머니에 넣고 다니면서 언제 전도를 했는지, 그 영혼을 위해서 얼마나 기도했는지, 전도 대상자들을 적어도 7번 이상 만났는지를 스스로 체크하여 목표를 향해 나아가도록 한다.

7) 1, 2, 3차 새생명추수를 한다.

1차, 18주 동안 3만 시간을 전 교인이 하나님께 헌신하면서 실제적으로 전도를 하기 위해서는 전체 기간을 3등분하여 6주마다 전 교인이 한 사람씩 모시고 오도록 하는 새생명추수를 한다. 즉, 6주 동안 매주 나가서 만난 전도 대상자를 6주마다 1명 이상 데리고 오도록 하여 시간만 채우는 전도가 아니라 실제적인 전도가 되도록 하는 것이다.

8) 전 교인 노방 전도

1, 2, 3차 새생명추수를 하기 위해 매 주일 오후에 전 교인이 전도지를 들고 지역 전도를 하여 지역을 영적인 하나님의 밭으로 만들도록 한다. 그리고 매달 1일과 15일에는 교역자와 교인들이 출근 시간에 전철역에 나가 출근하는 분들에게 축복의 찬양을 불러 주며 전도지를 나누어 준다.

9) 주일 전도

① 교구별 총동원전도 : 한 달에 한 번씩 교구별로 총동원하여 모여서 함께 기도하고 구호를 외친 뒤, 담당교구 지역에 가서 담당교구 목사와 함께 전도를 한다. 이때 전도방법은 교구에서 의논하여 결정한다.

② 당회원, 안수집사회(1, 2, 3), 권사회(1, 2, 3), 남성 소그룹 등이 순번제로 주일에 전도하도록 한다. 몇 주 전부터 주일 전도를 담당하는 소속자치회에 일정을 알리고 총동원하여 전도할 수 있도록 한다.

10) 전철역 전도

막상 전도를 시작해도 자신감이 없어서 전도를 못하는 경우가 많다. 그래서 교역자와 교인들이 연합하여 한 달에 한 번, 교회 주변 전철역에서 전도를 한다. 되도록 출근 시간에 맞추어 찬양을 준비하며, 전도지와 전도용품, 그리고 교회에서 제작한 전도신문(읽기 유익한 일반정보 수록)을 나눠 주고 교회를 홍보하며 전도한다. 전철역 전도 자치회가 순번제로 돌아가면서 전도하도록 한다.

4. 전도학교

1) 전도학교 개요

① 전도학교는 봄과 가을에 두 번 열린다. 봄에는 8주 과정, 가을에는 12주 과정으로 전도교육을 한다. 전도교육을 함에 있어서 가장 중요한 것은 실습 위주의 전도이다. 전도교육이 실패하는 이유 중 가장 큰 것은 강의실에서의 전도는 잘되지만 막상 실전에서의 전도는 안되도록 교육한다는 것이다. 그래서 강의실에서의 전도교육과 함께 실습을 병행하고 이를 반드시 피드백하는 철저한 교육을 한다.

② 보통 강의는 1시간, 실습 1시간, 피드백 30분 정도로 진행한다. 그리고 주중에는 합당한 숙제를 내주어 생활 속의 전도인이 되도록 철저히 관리한다. 봄에는 빌립전도(다양한 실습 위주의 교육) 훈련을 하고, 가을에는 총회전도학교를 실시한다. 주중반과 주일반을 두어서 편한 시간에 전도교육을 받도록 한다.

2) 전도학교 개설 동기와 목적 및 방향

가) 개설 동기

전도학교는 한 영혼을 참으로 귀하게 여기고 그들을 찾아가며, 초청하고, 그들의 언어로 복음을 들려주는 방법을 훈련하기 원하는 분들을 위한 새로운 영적훈련의 장으로 마련되었다.

나) 목적 및 방향

(1) 집중적이고 체계적인 전도훈련
(2) 전도에 대한 인식의 전환과 불같은 열정
(3) 실습을 통한 확실한 전도자의 양성
(4) 말씀과 삶의 적용을 통한 영성훈련
(5) 성도의 필수 훈련코스 정착
(6) 도우미를 통한 수업의 도움과 협력

3) 전도학교 운영 내용 및 진행 상황

전도학교는 체계성과 실제성을 겸비한 전도인을 양성하는 데 초점을 맞춘다. 전도학교의 운영 내용 및 진행 상황은 다음과 같다.

가) 전도학교 프로그램

    (1) 일시: 매학기 초(3월, 9월)

    (2) 장소: 꿈의 교육관 5층 세미나실

    (3) 대상: 교회 모든 성도

    (4) 강사: 전도담당 목사(혹은 외부강사)

    (5) 강의 방법: 토론식, 집중강의, 현장학습

    (6) 등록방법: 교회사무실

    (7) 광고: 주보광고(시작 2주 전), 인터넷 홈페이지 광고(시작 3주 전)

나) 내용

    (1) 교재: 총회 교육교재 안내(커리큘럼)

    (2) 과정: 3개월

다) 심화전도학교 주중반

    (1) 일정: 8주(4월 14일<화>-6월 9일<화>)

    (2) 인원: 50명 선착순(12조-한 조에 4명씩. 빌립전도 수료자들이 도우미로 참석)

    (3) 특징: 8가지 주제를 가지고 실제적인 전도

    (4) 시간: 오전 10:30-12:00(찬양, 강의 및 복음제시 훈련)

        오후 12:00-12:30(식사) / 12:30-2:00(실습) / 2:00-2:30(전도 보고)

    (5) 과정

주	주제	전도방법	전도물품
1(4/14)	어린이 전도	학교 앞 전도, 글 없는 책	사탕, 초콜릿, 솜사탕 등
2(4/21)	외침 전도	건널목 외침-노래, 구호	어깨띠, 전도지, 전도 휴지, 악기
3(4/28)	상가 전도 *장터 전도	상가 방문	부침개
4(5/12)	아파트 방문전도	아파트 전체 방문	손수 만든 꽃
5(5/19)	사랑방 전도	조별로 사랑방 개방	음식, 종이접기, 풍선아트
6(5/26)	무속인 전도	영적 전쟁	음료수
7(6/2)	불신가족 전도	방문	수제꽃, 케이크
8(6/9)	장기결석 전도		양말

목회자를 위한 Tip

가. 전도(기도)대행진 시작 전 준비사항

6주 전	■ 전도(기도)대행진 기획회의(1, 2, 3차) ■ 중점: 기간, 목표 설정(가능성, 전체, 교구, 구역, 개인 등 세부목표 결정), 세부일정 체크, 시상 및 기도 강조
5주 전	■ 당회, 부서 설명회(목표 인지, 기도가 우선, 역할 분담 요청)
4주 전	■ 교회 홍보(주보광고, 현수막 부착)
3주 전	■ 교회 홍보(본당-영혼사랑 온도계 부착, 로비-전체게시판 부착, 교구 기도쿠폰함 진열, 기도응답함 설치)
2주 전	■ 교구와 구역식구들에게 적극 참여 홍보(구역장 모임, 구역 모임, 교구항존직 모임 등 - 교구, 구역, 개인 목표 제시) ■ 작정서 예고
1주 전	■ 전도(기도)대행진 작정서 제출 ① 작정현황 파악(전체, 교구) -> 한 주간 동참 유도(전화, 심방 등) ■ 교역자 한 주간 기도주간(주보 광고)

나. 전도(기도)대행진 진행방법 - part 1

1주차	■ 전도(기도)대행진 작정서 제출 ② (대예배 시 관련 영상 상영) ■ 찬양예배: 전도(기도)대행진 선포식(교구 목표, 구호, 찬양 발표-퍼포먼스), 헌신서약서 ■ 본당개방: 24시간 기도음악(기도시간) ■ 교구별 저녁기도회(교구 단합 및 기도시간) ■ 수요전도 지원금 전달 및 교구전도 시작(교구별 준비) ■ 중보기도모임 시작(화,목,금 오전 10:30~12:00) ■ 입주 전도 및 지역 전도(화,목,금 오후 1:00~4:00) ■ 주일기도회(오전 10:20~11:00): 기도 배려 ■ 주일전도(오후 1:30-4:00): 누구나 참여 가능 ■ 기적을 일으키는 100일간의 기도대행진(새벽기도 100일 도전, 금요기도회 출석 및 주일기도회 출석 도전): 응답소망 10가지 기도제목
2주차	■ 기도쿠폰 수거(한 주간): 주일찬양예배 후 -> 화요일 오전 교역자회의 보고(교구별 기도시간, 전도상황 보고) -> 화요일 오후 게시판과 본당 온도계 부착 ■ 한 주간의 기도응답 주보에 기재(노란카드) -> 3주 후부터 본당 로비에 기도응답 현수막 부착 ■ 본당기도, 수요교구전도, 중보기도 모임, 주중전도, 주일기도, 주일전도 계속 ■ 수요일 구역장 모임 시-교구기도와 전도상황 보고(전체게시판 상황) ■ 기도쿠폰 제출 강조
3주차	■ 중보기도학교 시작(4주간) - 전도학교(4주간)

4주차	■ 본당기도, 수요교구전도, 중보기도 모임, 주중전도, 주일기도, 주일전도 계속 ■ 수요일 구역장 모임 시-교구기도와 전도상황 보고(전체게시판 상황) ■ 기도쿠폰 제출 강조
5주차	■ 영혼사랑 초청잔치 광고(부활절 행사): 교구전도 1, 2, 3등 시상 / 구역 100% 출석, 구역 3명 이상 전도 시상 강조(결석자 및 새신자 모두 강조) ■ 마당행사 – 교구별 장소 마련(중앙 새신자석), 교구별 식사
6주차	■ 영혼사랑 초청잔치 – 구역 결석자 및 새신자 명단 파악(편지 발송)

다. 전도(기도)대행진 진행방법 - part 2

7주차	■ 영혼사랑 초청잔치 – 구역 결석자 및 새신자 명단 파악(초대장 전달), 교인전체 문자(담임목사): 1차, 2차, 3차(구역장 및 전 교인)
8주차	■ 영혼사랑 초청잔치 행사 – 본당로비 및 마당에서 새가족 등록처 마련 ■ 교구별 모임 및 식사 ■ 예배: 교회홍보 영상, 메시지 간결, 특송(여전도회 및 중창단 등)
9주차	■ 영혼사랑 초청잔치 교구 및 구역 시상(찬양예배 – 간증 2명) / 교구 시상 – 전도비 및 식사비 지원 / 구역 시상 – 상품권(교제비)
10주차	■ 구역전도 강조(1명 이상 전도)
11주차	■ 구역초청모임 강조(전도 대상자 구역모임으로 초청 – 식사 및 간증, 바자회 티켓 전달)
12주차	■ 구역초청모임 강조(전도 대상자 구역모임으로 초청 – 식사 및 간증, 바자회 티켓 전달)
13주차	■ 개인 1명 이상 전도 강조
14주차	■ 개인체크표 제출 광고(개인 – 기도 140시간 이상자, 단 1명 이상 전도)
15주차	■ 개인체크표 제출 광고(개인 – 기도 140시간 이상자, 단 1명 이상 전도), 전도, 기도대행진 마감(마감 영상 –예배 시)
시상	■ 교구상 –1, 2, 3등 / 목표 달성상(청년부, 교회학교도 시상): 식사비 ■ 개인시상 – 기도의자(고급) ■ 간증자 세움(2명)-개인전도, 교구전도
비고	■ 4주간의 새가족 교육(4주차-새가족 환영회), 새가족 수료식 ■ 7주간의 바나바 섬김(구역 및 남녀선교회 연결) ■ 새가족 구역심방 체크

5. 수요전도 (교구 전도대 운영)

1) 조직

    가) 담당자를 선정하라. (팀장, 회계 선정 / 교구임원과 유기적 관계)

    나) 교구 전체가 함께하라. (모든 구역이 참여하도록)

2) 전도방법

    가) 기도하고 출발하라. (전도를 함께 나가지 못해도 기도는 함께하라.)

    나) 동기유발 (즐거운 마음으로 재미있게 / 자발적으로 참여하도록 유도하라.)

    다) 거점전도와 방문전도 (일정한 장소와 일정한 시간)

    라) 다양한 전도방법 실시 (전도물품, 차 전도, 뻥튀기, 음료수 등)

    마) 물질로 헌신하라. (헌신한 만큼 거둔다.)

    바) 교구목사도 함께하라. (만남과 격려가 필요)

3) 기타 점검사항

    가) 전도는 기도다. (기도쿠폰 제출)

    나) 임원과 전도대원의 격려는 자주 할수록 좋다.

6. 영혼사랑 초청잔치 (전 교인 총동원주일)

1) 목적 및 목표

    가) 목적 - 전 교인이 반드시 전도에 참여하는 날, 불신가족과 장기결석자를 인도하는 날

    나) 목표 - 교구 총동원, 구역 100% 출석, 전도 대상자(태신자) 총동원: 구역 3명 이상

2) 준비

    가) 전도 대상자(태신자) 명단을 다시 확인하고 작정하지 못한 사람들에게 권면

    나) 수요교구 모임 시 전도점검표를 나눠 주고 접촉 상황을 보고하도록 한다.

    다) 영혼을 향한 사랑의 마음은 기도로부터(새벽기도회, 금요기도회, 수요구역장 모임 시 늘 기도하라.)

    라) 전도편지 및 초대장 발송

마) 장기결석자, 불신가족을 위하여 명단을 작성하고 구역장을 통해 명단 제출

　　바) 전화 접촉 및 만남을 통해 출석 독려(필요한 경우 교구장이 직접 전화)

　　사) 당일 행사 시 택시 타고 오기 운동(교회 주차장에서 전 교인 공동식사)

3) 실시

　　가) 새가족 등록부스로 인도(환영 및 사진 촬영)

　　나) 예배 시간에 환영

　　다) 새가족을 환영하는 전 교인 잔치(교회마당 공동식사 및 공연, 놀이부스 설치)

제1차 전도대행진 참고자료

1. 주제

"영혼사랑의 온도를 높입시다!" (막 1:35-39)

2. 기간

2월 5일~5월 27일(16주간)

3. 목표

▶전 교인 5만 기도온도 높이기! 500명 영혼 전도온도 높이기!

▶개인 일주일에 1시간 이상 기도하기! 1영혼 이상 전도하기!

① 교구별 - 60명 이상 전도, 6,250시간 기도

② 구역별 - 2명 이상 전도

③ 개인별 - 일주일에 1시간 중보기도(교회) / 1명 전도

4. 전도방법

▶각 개인이 한 주간의 전도시간을 체크하고 각 교구별 함에 넣어서 전체 기도시간과 전도의 목표를 이루어 가는 방법

▶각자 한 주간 교회에서 기도한 시간을 매주 기도온도 쿠폰에 적어서 각 교구별 함에 넣어서 기도시간을 체크하는 방법

(기도시간 적용: 새벽기도 참석-30분, 금요기도회 참석-1시간, 매일 중보기도 모임 참석-1시간 30분 적용)

5. 전도목표

	1교구	2교구	3교구	4교구	5교구	6교구	청년	교회학교	합
기도온도	6,250도	6,250도	6,250도	6,250도	6,250도	6,250도	6,250도	6,250도	50,000도
전도온도	60도	60도	60도	60도	60도	60도	60도	100도	520도

6. 일정

▶ 매주 화,목,금 10:30~12:00 , 수 1:00 중보기도 모임

2월 1일	전도대행진을 위한 월삭기도회
2월 5일	전도대행진 시작 (1~4부: 전도작정, 찬양예배 시: 전도대행진 선포식〈교구별〉)
2월 7일~11일	한 주간 교구별 집중 기도회 (저녁 8시) 화-1, 2교구 / 수-3, 4교구 / 목-5, 6교구 / 금-전 교인 / 토-청년부, 교육부
2월 15일	교구 전도대 시작 (매주 수요일 교구전도, 전도 대상자 전도 체크)
3월 4일	전도 간증 1
3월 5일	중보기도학교 시작 (4주, 월)
4월 1일	전도 간증 2
4월 8일	영혼사랑 초청잔치 1
5월 6일	구역 초청의 날 1
5월 13일	구역 초청의 날 2
5월 20일	청년 초청 (청년부 주관)
5월 27일	전도대행진 마감
6월 3일	전도대행진 시상 (교구, 구역, 개인)

7. 전도대행진 기도제목

1) 전도대행진을 통하여 온 성도가 한 영혼을 향한 뜨거운 마음이 일어나게 하소서.
2) 전도대행진 기간 동안 5만 시간 기도, 500명을 전도할 수 있도록 은혜를 허락하여 주소서.
3) 전도대행진 기간 동안 개인이 일주일에 1시간 이상 기도하고, 한 영혼을 구원하게 하소서.
4) 이 지역에 죽어 가는 영혼들을 우리에게 허락하여 주소서.
5) 나의 전도 대상자들이 반드시 복음을 듣고 교회에 나와서 예수님을 영접하게 하소서.
6) 각 교구가 영혼사랑으로 하나가 되어 부흥이 일어나게 하소서.
7) 진행하는 모든 분들에게 힘과 지혜를 허락하사 잘 감당하게 하소서.

8. 구호

"한 영혼을 주께로! 한 영혼을 구하라! 찾으라! 두드리라!"

"전도는 영혼사랑으로부터! 기도온도를 높입시다! 전도온도를 높입시다!"

9. 시상

교구, 구역, 개인(1, 2, 3등 시상)

6교구 전도대행진 계획

① 기도온도를 높여라! (목표온도: 7,000도)

   - 여성구역: 180도×35구역= 6,300도

   - 남성구역: 100도×7구역= 700도

② 전도온도를 높여라! (목표온도: 77도)

   - 여성구역: 2도×35구역= 70도

   - 남성구역: 1도×7구역= 7도

③ 구호: "뜨거운 기도! 7,000! 뜨거운 영혼사랑! 77! 기도온도 7,000도로 77명을 주님께로!"

여성구역								남성구역		
지역	구역	기도온도	전도온도	지역	구역	기도온도	전도온도	구역	기도온도	전도온도
1지역		180	2	7지역		180	2		100	1
		180	2			180	2		100	1
		180	2			180	2		100	1
		180	2			180	2		100	1
2지역		180	2	8지역		180	2		100	1
		180	2			180	2		100	1
3지역		180	2			180	2		100	1
		180	2	9지역		180	2			
		180	2			180	2			
4지역		180	2			180	2			
		180	2	10지역		180	2			
		180	2			180	2			

5지역		180	2	11지역		180	2		
		180	2			180	2		
		180	2			180	2		
6지역		180	2			180	2		
		180	2						
		180	2						
		180	2						
	기도온도: 6,300도 전도온도: 70도					기도온도: 700도 전도온도: 7도			

* **기도온도 높이기 방법(1구역당 기준)**
  - 여성구역: 구역장(5시간×16주=80도), 권찰(2시간×16주=32도), 구역원(1시간×16주×5명=80도) ⇒192도
  - 남성구역: 구역장, 권찰(2시간×16주×2명=64도), 구역원(1시간×16주×4명=64도) ⇒128도
  - 기도온도 기준: 새벽기도회(기본 30분+α), 금요기도회(1시간), 중보기도회(1시간 30분), 개인기도(30분 단위로)
  - 합산방법: 기도 후, 기도쿠폰에 날짜와 이름, 구역, 시간 등을 적어서 "교구기도함"에 넣습니다. (주일에 합산하여 온도계에 표기됨)

④ 전도계획

	팀	1팀	2팀	3팀	4팀
수요일	장소				
	팀장(지역장)				
	구역장				
	방법				
	전체팀장: 재료담당:				
평 일	각 거주지에서 이사자를 중심으로 수시로 전도합니다.				

⑤ 6교구 전도대행진 선포식 준비일정

　　1월 27일(금)　　　오전 11:00　　지역장 모임

　　1월 29일(주일)　　오후 6:30　　 남성구역 봉사자 모임

　　2월 3일(금)　　　 오전 10:30　　연합구역예배

　　2월 5일(주일)　　 오후 3:00　　 전체교구 모임

선포식 내용

<비상대책위원회>

사회자: 보고합니다. 지금 ○○교회에서 전도대행진을 시작한다고 합니다.
6교구에서는 기도온도 7,000도로 77명을 5월까지 전도한다고 합니다. 그때까지 기도하고 전도하려면 시간이 없습니다. 서둘러야 합니다.

대 장: 야, 안 돼~ 야, 생각해 봐! 남자들은 요새 새해 시작됐다고 회사에서 일도 많고 회식도 많지, 또 여자들은 여기저기서 이월상품 세일한다 하니까 쇼핑도 해야 되지, 친구들 만나서 수다도 떨어야 되지, 애들 챙겨야 되지, 얼마나 바쁜데 언제 교회 와서 언제 기도해서 7,000도까지 올리냐? 안 돼~
그리고 전도는 또 어떻게 해~ 이제 옛날 같지 않아서 교회 가자고 하면 '아~ 제가 바빠서…' 이러면서 도망가요. 그럼 또 내가 따라가서 '아니, 그러지 말고… 가서 좋은 말씀도 듣고 삶을 바꾸세요.' 이러면 '너나 잘하세요.' 그런단 말야. 그럼 또 그 말이 맞는 거 같애. 그래서 혼자 생각하다 보면 부끄러워서 말을 못할 거 같애. 그러다 보면 벌써 5월이고… 그럼 또 꽃놀이하러 가야 되는데 언제, 어떻게 만나서 전도를 그렇게 하냐? 안 돼~

대장2: 지금 뭐하시는 겁니까? 그럼 앉아서 그렇게 핑계 대고 걱정만 하면서, 죽어 가는 영혼을 그냥 보고만 있자는 겁니까? 안 되겠어. 이제부터 내 지시에 따른다. 이제 6교구는 모두 모여서 일단! 그동안 기도, 전도 못한 것을 회개하고… 다시 다짐하면서 감사하는 마음으로 전도대행진을 시작하도록 한다! 알겠나?

<감사합니다>

회개합니다 회개합니다
믿음의 조상 본받지 않고 / 바쁘다고 핑계 대고 기도 못 한 것! / 회개합니다 회개합니다 /
영혼사랑은 실천 못 하고 / 부끄러워 외면하고 전도 못 한 것! / 회개합니다 회개합니다 /
이 모든 일에 회개합니다

감사합니다 감사합니다 /
바쁘다고 핑계 대고 기도 안 하고 / 부끄럽고 용기 없어 전도 못 할 때 /
전도축제 시작되니 / 감사합니다 감사합니다 /
기도 전도 의지 불끈 / 감사합니다 감사합니다 /
6교구가 1등 예감 / 감사합니다 감사합니다 /
이 모든 일에 감사합니다

<전도 찬양 메들리>

예수 이름으로 예수 이름으로 기도온도 뜨겁게
예수 이름으로 예수 이름으로 영혼사랑 뜨겁게

앗 뜨거워 앗 뜨거워 주님의 사랑 그 크신 사랑 태양보다 더 뜨거워
앗 뜨거워 앗 뜨거워 주님의 사랑 그 크신 사랑 태양보다 더 뜨거워

예수 이름으로 나아갈 때 무슨 부끄러움 있으리
예수 이름으로 나아갈 때 영혼 구원 이루리
(북소리 시작, 작은 소리부터 점점 큰 소리로)
하나님의 음성: "주께서 이르시되 내가 누구를 보내며 누가 우리를 위하여 갈꼬"

첫째 줄	주님! 저희가 기도의 무릎을 꿇겠습니다.
둘째 줄	주님! 저희도 기도하겠습니다.
셋째 줄	현수막줄 – 다 같이 "주님! 저희가 가겠습니다." 할 때 현수막을 내린다.
넷째 줄	주님! 저희가 주님의 사랑을 실천하겠습니다.
다섯째 줄	주님! 저희가 전하겠습니다.
다 같이	주님! 저희가 가겠습니다.

인도자	다 같이	인도자	다 같이	다 같이
뜨거운 기도!	7,000!	뜨거운 영혼사랑!	77!	기도온도 7,000도로 77명을 주님께로! 할렐루야~

3. 관계 전도 사례

1. 문화 관계 전도 : ○○교회의 "문화를 접촉점으로 하는 관계 전도"

문화적인 요소들을 관계 전도의 도구로 사용할 때 효과적인 열매를 기대할 수 있게 된다. 문화적인 매체들은 사람과 사람 사이에 보이지 않는 장벽을 허물고 가까워질 수 있는 접촉점을 제공해 줄 수 있기 때문이다.

① 여행으로 초대

춘천 커피 열차 여행(춘천 공지천), 가을에 남기는 이야기(곤지암 화담숲), 행복은 레일을 타고(강촌 레일바이크, 김유정문학관), 미술관 옆 궁(경복궁, 현대미술관), 국화꽃 향기로 물들다(파주 벽초지수목원), Fall in love(단양팔경)

② 영화로의 초대

그린북(광화문 씨네큐브), 사랑하는 당신에게(광화문 씨네큐브)

③ 공연 및 콘서트로의 초대

뮤지컬은 사랑을 싣고(오! 당신이 잠든 사이, 대학로 예술마당), 인카네이션(한강유람선), 스크루테이프의 편지(북촌 나래홀), 카발레리아 루스티카나 & 팔리아치(광림아트센터)

2. 소그룹 관계 전도 : ○○○○교회의 "소그룹 전도 축제"

① 소그룹 전도의 개요

매년 9~12월에 소그룹 중심으로 하던 전도를 코로나 때에도 멈추지 않았다. '소그룹 전도 축제'는 셀(구역)에서 한 사람이 한 사람 이상씩 초청하고, 장소를 정하여 함께 모여 복음을 전하는 전도이다.

② 찾아가는 소그룹 전도

지역 및 셀(구역)별로 1~3명의 불신자들(VIP)을 전도자 및 셀원들의 집이나 커피숍에 모으면 구역장인 리더나 지역장이 전도자와 함께 찾아가서 '선물'과 최고의 선물인 '복음 제시'를 하도록 하였다. 이것이 오히려 반응이 더 좋아져서 코로나 이전보다 더 많은 태신자(VIP)들이 영접까지 하게 되는 '소그룹으로 하는 전도'를 하게 된 것이다.

③ 소그룹 운영

셀(구역)리더는 교회에서 조직하여 임명하는 것이 아니라 전도 및 성도의 돌봄을 통하여 스스로 셀(구역)리더가 되도록 하고 있다. 또 셀(구역)이 3개로 성장하고 세워지면 스스로 '지역장'이 되고, 지역이 2개 이상으로 성장하고 부흥하면 교구장이 된다. 교회는 교구장의 경우 장로 피택에 자동 공천이 되는 시스템을 구축하여 활성화시켰다.

④ 양육체계 "성공의 사닥다리"

한 명의 불신자가 소그룹 전도로 인도되어 예수를 믿게 되고, 교회에 뿌리내리고, 양육받고, 제자로, 교회의 리더로 세워지고, 그가 또 다른 사람들을 전도하고, 그 손에 의해 예수를 믿고, 교회에 뿌리를 내리고, 정착하고, 양육받고, 제자가 되는 시스템이 갖추어졌다. 또한 셀(구역)이 전도되고 부흥하고 활성화되고, 잘 세워지도록 하기 위하여 교회 목회 가운데 전도와 양육코스, 즉 '성공의 사닥다리'인 영적 전략을 구축하여 전도와 셀(구역)이 세워지는 것이 어렵지 않도록 하였다.

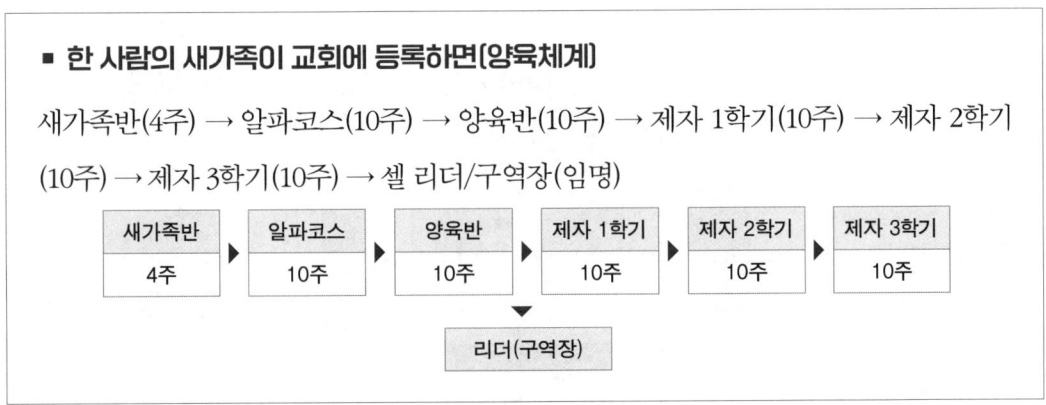

⑤ 소그룹 전도 축제

1) 나와 관계된 모든 사람을 소그룹으로 인도하는 전도
2) 동네, 병원, 캠퍼스, 시장 등 일상의 모든 곳에서 나와 관계된 모든 사람을 부담 없이 소그룹 모임에 초대하여 편안한 형식 속에서 예수님을 소개하고 말씀을 소개하고 십자가를 소개하는 전도
3) 간단하고 단순한 모임이지만 참여하는 이들 대다수가 자연스럽게 예수님을 영접하고 셀

모임으로, 알파코스로, 교회의 예배로 정착

4) 이 모임을 통하여 모든 소그룹과 모든 성도의 영혼구원에 대한 관심 확대
5) 이 모임을 통하여 1:3 기도와 전도가 정착하게 되어서 또 태신자를 잉태
6) 이 모임을 통하여 모든 태신자들이 알파코스(정착)로 연결, 알파코스에 참여할 게스트(VIP)가 자연스럽게 확보
7) 이 모임을 통하여 셀이 활성화되고 셀이 번성(셀, 지역, 교구)
8) 이 모임을 통하여 불신자들이 성도들 간의 교제와 은혜와 말씀 나눔을 미리 맛봄으로써 보다 적은 부담을 가지고 교회와 예배에 참석
9) 이 모임을 통하여 모든 성도가 열매를 맺고 영성이 훈련되어 간증을 체험

⑥ 소그룹 전도 축제 8~12주 진행도표

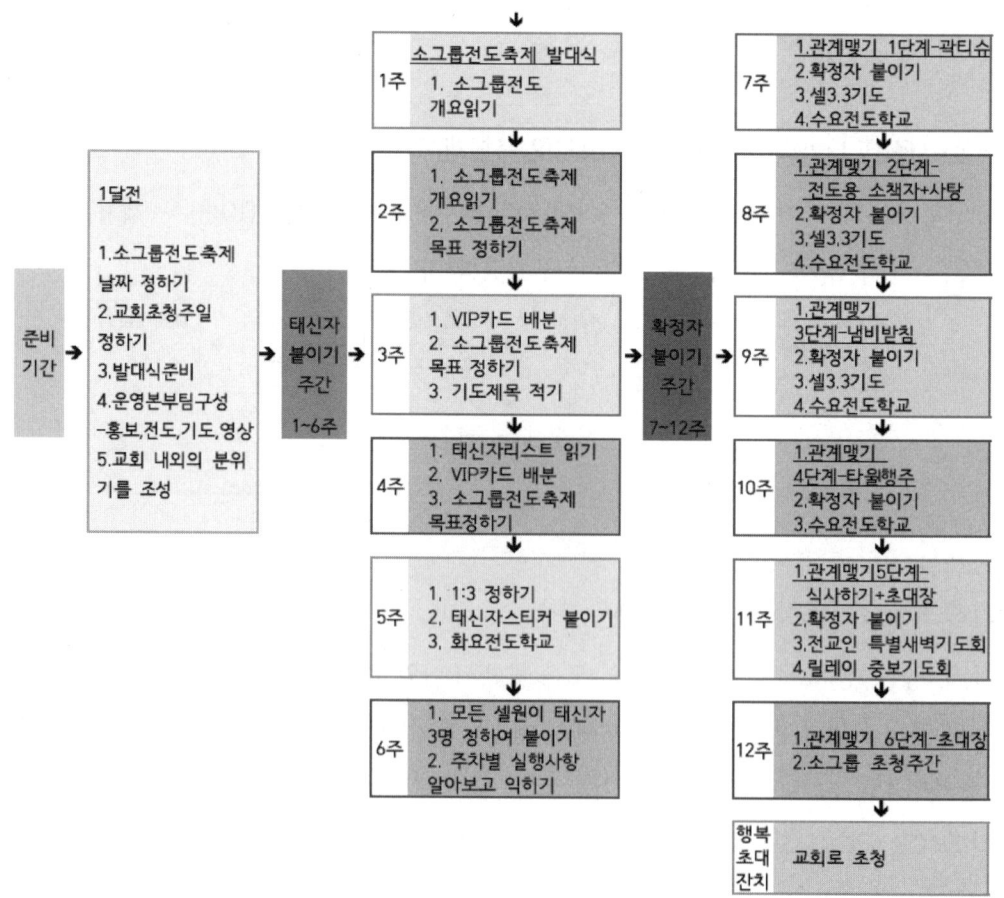

〈총회전도학교〉
　　총회전도학교장 : 박봉수
　　　　교무위원 : 황세형 김정호 김운성 최홍진 황순환 민귀식
　　　　　　　　 박보경 문장옥 안맹환 김태수 서화평
　　실무담당 : 김지한 과장

[인도자용]

총회전도학교
훈련교재

총회전도학교장 : 박봉수
집 필 자 : 남성혁 김태수 윤대원 김희구 최준혁 한재동 조영춘
          이찬일 구영규 안성국 이요한 구현철
감수위원 : 최흥진 김윤태

초판발행 2025년 6월 13일

편집인 총무 문장옥
국내와군·특수선교처
주소 03128 / 서울특별시 종로구 대학로3길 29, 신관 6층(연지동, 총회창립100주년기념관)
전화 (02) 741 - 4353 / (F) 3676 - 8300
홈페이지 https://www.pck.or.kr/

발행인 강성훈
발행소 한국장로교출판사
주소 03128 / 서울특별시 종로구 대학로3길 29, 신관 4층(연지동, 총회창립100주년기념관)
전화 (02) 741 - 4381 / (F) 741 - 7886
영업국 (031) 944 - 4340 / (F) 944 - 2623
등록 No. 1 - 84 (1951. 8. 3.)
ISBN 978 - 89 - 398 - 4627-2
값 16,000원

※ 이 출판물은 저작권법에 의해 보호를 받는 저작물이므로 무단전재와 무단복제를 할 수 없습니다.

기획편집 : 김지한, 김희구   출판편집 : 오원택, 김효진, 박신애, 남충우